赤彩文の盛衰

彩文で土器を飾る手法は，縄文土器にも一部あるが，本格的なものは弥生の壺にみられる。前期にはとくに北部九州で線描による幾何学的な文様が，畿内地方で平塗りの手法による木葉文などが華やかである。中期の壺にはほとんど見られず，後期では器表全体またはある部分を塗りつくすものや，まれに弧文や渦巻文を描いたものがある。尾張地方の後期の塗彩土器はパレススタイルとも呼ばれる所謂だ。

構成／藤田憲司

九州

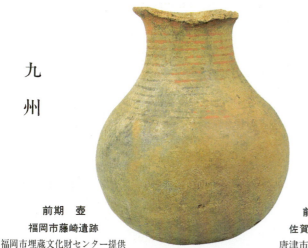

前期　壺
福岡市藤崎遺跡
福岡市埋蔵文化財センター提供

前期　壺
佐賀県菜畑遺跡
唐津市教育委員会蔵

近畿

前期　壺
大阪府山賀遺跡
大阪文化財センター提供

後期　壺
大阪府亀井遺跡
大阪文化財センター提供

東海

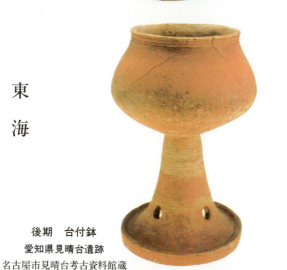

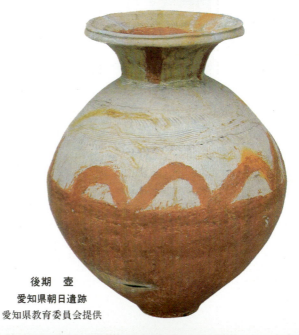

後期　台付鉢
愛知県見晴台遺跡
名古屋市見晴台考古資料館蔵

後期　壺
愛知県朝日遺跡
愛知県教育委員会提供

2,000年ぶりの再会

日本列島のうち,本州の西端から東端までそろったこれらの弥生土器は,2,000年余前にすべて一堂に会したことがあるわけではない。しかし,製作技法・文様の描き方などにいずれも共通する特徴をもち合わせていることから,前期中頃というほぼ同じ頃に各地で使われていたことは間違いない。それらの消費地をたどってみると,土器の特徴から推察してとくに日本海沿岸部を西から東へかなり早い年数で伝播していったことがわかる。このことはとりもなおさず,稲作農耕を生業とする弥生文化が,この頃すでに北部九州から数えて2,000kmも隔った青森県にまで達していたことを物語っている。しかし,前期段階の稲作を証する水田は,日本海側では米子市目久美遺跡でしか今のところ見つかっていない。その発見は時間の問題だろう。
(29頁参照)　　　　　　　写真・構成／工楽善通

小さい壺・大きい壺

壺は一般に貯蔵用と言われている。それには大小さまざまな形ものがある。単に稲籾などの食料のみを貯えるだけではなく,神にささげる酒を入れたり,口が狭いから水の運搬用に使われるともあった。家族の一員を葬る棺としての役目も重要である。

▲山口県から青森県までの各地の前期弥生土器
（八戸市博物館にて，小林和彦氏撮影）

◀◀佐原眞氏の手にのる最古の土師器
（東奈良遺跡出土）

◀左側大壺のみ平城宮跡出土，他は船橋遺跡出土

◀私が見た最大の土器（鉄器時代？ 西ベルリン・シャルロッテンブルグ博物館）

弥生土器の絵画

弥生人は土器にさまざまな絵を描いた。もっとも好んで描いたのは鹿。鹿の絵は筑前から相模の地域に及ぶ。鹿と建物を組み合わせたり，手を挙げた人物などの画題も多い。広い地域で共通した画題が多く認められるので，この頃，地域を越えた共通の認識があり，絵の中に彼らの世界観がこめられていたのだろう。弥生土器の絵は，まさに弥生人からのメッセージなのである。

構　成／橋本裕行

蛇体人面獣（岡山県加茂遺跡）
岡山県古代吉備文化財センター提供

人物（奈良県清水風遺跡）
奈良県立橿原考古学研究所提供

人物（奈良県坪井遺跡）
橿原市教育委員会提供

鹿（大阪府瓜生堂遺跡）
東大阪市教育委員会提供

船（奈良県清水風遺跡）
奈良県立橿原考古学研究所提供

季刊 考古学 第19号

特集 弥生土器は語る

● 口絵（カラー） 赤彩文の盛衰

2,000年ぶりの再会

小さい壺・大きい壺

弥生土器の絵画

（モノクロ） 文様二選

各地の中期土器

弥生土器のかたち

土の造形

弥生土器の世界―――――――――工楽善通 (14)

弥生土器の誕生と変貌

弥生土器のはじまり――――――――家根祥多 (18)

遠賀川・砂沢・水神平――――――――工楽善通 (24)

人が動き土器も動く――――――――清水芳裕 (30)

弥生土器から土師器へ――――――――清水真一 (34)

弥生土器の形と用途

器形の消長と生活の変化――――――――外山和夫 (43)

弥生土器と木製容器――――――――岩永省三 (50)

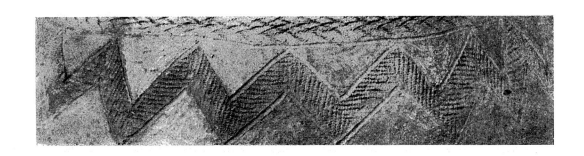

弥生土器の文様と造形
　西日本の弥生土器の文様 ——————————— 藤田憲司 *(58)*
　東日本の弥生土器の文様 ——————————— 芳賀英一 *(61)*
　弥生土器の絵 ——————————————————— 橋本裕行 *(65)*
　人面付土器 ————————————————————— 石川日出志 *(70)*

コラム
　世界の中の弥生土器 ————————————————— 佐原　眞 *(39)*
　甕棺は語る ———————————————————————— 柳田康雄 *(41)*
　続縄文のひろがり ————————————————— 林　謙作 *(55)*
　弥生併行期の北海道南部 ————— 菊池徹夫・及川研一郎 *(75)*
　南島の弥生土器 ——————————————————— 上原　靜 *(77)*

最近の発掘から
　掘り出された弥生の"むら" 神戸市玉津田中遺跡 ——— 深井明比古 *(79)*
　弥生文化波及期の遺跡 長野市塩崎遺跡群 ——————— 矢口忠良 *(85)*

講座 考古学と周辺科学 11
　文献史学（近世） ——————————————————— 菊地義美 *(87)*

書評 ——————— *(92)*　　文献解題 ——————— *(96)*
論文展望 ————— *(94)*　　学界動向 ——————— *(99)*

表紙デザイン・目次構成・カット
／サンクリエイト

▲大阪府船橋遺跡出土台付水差

文様二選

構成／工楽善通

流麗な，または複雑怪奇な文様を流暢な文章で綴るのは大変むずかしい。弥生文様の典型は，何といっても近畿地方中期に流行した櫛描文だろう。なかでも流水文と簾状文とはその代表である。東日本弥生土器の形は西日本的なものへ変化するが，文様には依然として縄文を使用することが多い。消費者のニーズに答えたのだろう。

▼福島県鳥内遺跡出土壺（福島県文化センター提供）

各地の中期土器

どの地方をみても，中期にはもっとも種類豊富な形のうつわが作られた。その地方色は実に多様で，九州，瀬戸内沿岸，近畿というような広い範囲で大きな違いがみられる一方，もっと細かく観察すると，例えば近畿のなかでも河内，摂津，大和，山城などという旧制の国単位ごとに文様の変化が指摘できるし，さらに狭い範囲の地域差もある。

構　成／工楽善通

弥生土器のかたち

弥生人は縄文人以上にさまざまな形の土器を日常使用した。壺ひとつとっても，容量の違ういろいろな姿のものがある。把手つきのカップや水差は弥生独特のもので，なかなかモダンである。ここに集まった土器は，すべて生駒山西麓に産する同質の粘土を用いて作ったもので，高さ50cm近くある大壺でも，厚さ5mm以内という仕上りである。精巧な文様といい，相当な熟練工が作ったのであろう。カップや高杯には木器にも同じ形のものがある。　構　成／工楽善通

大阪府船橋遺跡出土　中期の土器

土の造形

弥生時代に土でその姿を形どった題材には，人物・鳥・魚・家・舟などがある。このうち人物が圧倒的に多く，とりわけ顔だけを強調した例が多い点は，縄文時代の土偶や弥生土器の絵，古墳時代の埴輪とは異なっている。東日本では土偶形容器や土偶のように全身表現の比率が高く，縄文時代からの伝統の根強さを垣間見ることができる。

構成／石川日出志

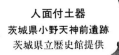
人面付土器
茨城県小野天神前遺跡
茨城県立歴史館提供

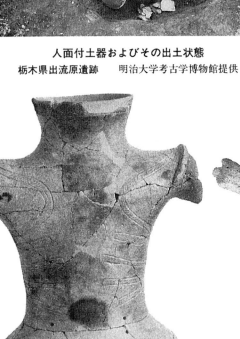
人面付土器およびその出土状態
栃木県出流原遺跡　明治大学考古学博物館提供

人形土製品
岡山市百間川兼基遺跡
岡山県古代吉備文化財
センター提供

顔のない土偶形容器　新潟県村尻遺跡
新発田市教育委員会提供

人物形土器　群馬県有馬遺跡
群馬県埋蔵文化財調査事業団提供

顔が表現された分銅形土製品
広島県相方遺跡
広島県立歴史民俗資料館提供

季刊 考古学

特集

弥生土器は語る

特集●弥生土器は語る

弥生土器の世界

奈良国立文化財研究所 工楽善通
（くらく・よしゆき）

弥生時代には稲作農耕が始まり，米食生活の基礎が築かれようとしていた。その脇役が弥生土器，その情報はきわめて多様だ。

　弥生土器——これは何んと響きの良い名であろうか。わが国考古学研究の黎明期である1884年の春3月，東京都本郷弥生町の向ヶ岡貝塚から一個の壺が発見された。そして，この壺がすでに知られていた縄文土器とは違うものであるという判断から，その世紀末に「弥生式土器」という名が仮につけられたのであるが，この名が「弥生式時代」「弥生式文化」としても長い間にわたって定着してしまってきた。

　1950年代になって刊行され始めた『日本考古学講座』（河出書房）において，「縄文文化」「弥生文化」というように「式」を省略して使用するようになり，また，時代名称にも式を省くようになって今日におよんだ。しかし，その後もそれぞれの土器を呼ぶ際には，従前通り「式」をつけて呼んでいたが，1975年の佐原眞氏による提唱（『講座日本歴史』岩波書店）以来，今では「縄文土器」「弥生土器」と呼ぶのが一般的となっている。

1　弥生土器の時代

　かつては，弥生時代およびその文化を定義するのに，縄文土器の次に用いられた弥生土器が使用された時代および文化として説明してきた（『図説考古学辞典』東京創元社）。これは，例えばある地方の縄文時代中期の土器と，弥生時代中期の土器という典型的な二者を較べている限りではその差異は歴然としていて説明がつく。しかし，今日のように弥生土器の研究が細部にわたって進んでくると，土器の観察からのみでは，ここまでが縄文土器，ここからが弥生土器などと簡単に区別するこ

とは誠に難かしいのが実情であり，土器を基準にすることはできない。したがって，弥生時代を定義する要件は，わが国において稲作農耕を主とする＜食料生産＞段階に入った最初の時代ということであり，弥生土器とは，その段階になって作られ，使われた農耕社会の土器である（「佐原眞「弥生土器総論」弥生文化の研究，雄山閣）という立場を私もとりたいと思う。そしてまた，弥生土器は，前方後円墳が出現し，古墳時代が始まると「土師器」という名におき変わるのである。

　それでは，わが国の稲作農耕がどれほどにまで古く遡り，いつから始まるのかという問題に直面するが，この答も実際には細かく検討すれば難かしい。しかし，いまのところ唐津市菜畑遺跡で1980年に発掘された水田跡や水路遺構がもっとも古く，収穫具としての石庖丁も出土している。そこでの伴出土器は，従来から最古の弥生土器として位置づけてきた板付Ⅰ式土器よりもさらに二型式ばかり古いもので，かつては縄文時代晩期のものとしてきた「山ノ寺式」土器である。菜畑水田発見のニュースは，当時「縄文時代の水田を発見」という見出しで報道された。しかし，先に記したように弥生時代を定義するのに稲作農耕の存在を第一義に考えるとすれば，菜畑水田は当然，弥生時代の水田とすべきである。これに伴出する土器はもちろん弥生土器である。従来，最古の弥生土器としてきた板付Ⅰ式土器に先だつ弥生土器が浮上してきたことになる。また，福岡県糸島郡二丈町にある曲り田遺跡（1980年度調査）でも，板付Ⅰ式直前の夜臼式単純期の集落が発見され，水田跡

14

こそみつかってはいないが，弥生文化の証左とも言われる大陸系の磨製石器が出土している。これまで板付Ⅰ式土器をもって弥生時代の開始と考え，続く同Ⅱ式土器とともにこれらは，弥生時代を前期・中期・後期の三期にわけたうちの前期にあたるとし，またⅠ～Ⅴ期にわけたⅠ期に該当させて大別してきた。これに先だつ菜畑や曲り田段階は，橋口達也氏によると早期と考え（『曲り田遺跡Ⅲ』福岡県教育委員会），佐原眞氏は先Ⅰ期と呼称している（雄山閣前掲書）。他方では，従来通り板付Ⅰ式以前を晩期縄文土器として扱う考えや，菜畑段階（山ノ寺式）は縄文土器とし，曲り田段階（夜臼式）以降を弥生土器とする考えもある。

早期または先Ⅰ期における稲作の証拠は，最近では北部九州のみならず，岡山市津島江道遺跡や伊丹市口酒井遺跡，茨木市牟礼遺跡でも見出されており（泉拓良「縄文晩期から弥生時代」日本考古学協会'86大会発表要旨），今後，西日本で縄文土器から弥生土器への変遷過程がより一層明らかになることであろう。

弥生土器の大別は，一般に前・中・後の三期に分けて考えており，畿内地方では早くから唐古遺跡の出土品をもとにして，第Ⅰ様式～Ⅴ様式に分けている（『大和唐古弥生式遺跡の研究』京都大学）。さらに，他の地方では，弥生土器の細別にあたって，縄文土器同様に標式遺跡名を冠して型式名とする方法で編年作業をおこなってきた（畿内でも，瓜破式，西ノ辻N地点式，穂積式などと呼ばれたこともある）。先の三期の大別案と五様式区分，そして各型式名とをどのように対応させるかは一定していない。例えば畿内では前期に第Ⅰ様式を，中期に第Ⅱ～Ⅳ様式を，後期に第Ⅴ様式を対応させている。これは中・四国や中部地方でもほぼ同様であるが，九州地方では第Ⅳ様式以降を後期として扱っており，中期，後期の表現だけでは混乱を来たすことがよくある。そこで最近では，『弥生式土器集成 本編』の分類による北九州地方と畿内地方の第Ⅰ～Ⅴ様式が，おおむね併行関係にあることから，これらを基準に，本州の北端に至るまでⅠ～Ⅴ期の区分法を佐原眞・金関恕両氏は推し進めている。このことは『弥生文化の研究』（雄山閣）でかなり実現している。

弥生土器から土師器への移行に関して，その両者の性格を持ち合わせた土器―庄内式土器を，古墳時代の土器と見る考え，最終末の弥生土器とみ

て畿内第Ⅵ様式を設ける考え，前後二つに分けて前半を弥生土器，後半を土師器とする考え，の三者がある。古墳の成立をどう理解するかによって，解釈が違う。まだまだ議論が深まるであろう。

2 弥生土器のひろがり

日本列島のうち弥生文化がおよんだ範囲は九州地方から本州島の北端までである。九州以南の南島諸島には，断片的に弥生土器をはじめ弥生系文物が持ち込まれてはいるものの，稲作農耕をおこなった確証はいまのところない。北海道地方は，本州のほぼ全域で稲作がおこなわれ始めたのちでも，弥生文化の影響は認められるものの，まだ縄文時代同様の狩猟採集の生活が続いていたようで，ここでも，いまのところ稲作の痕跡はみつかっていない。したがって，この段階は続縄文文化と呼ばれている。1980年以前には，東北地方北部もまた続縄文文化の領域であると長らく考えられてきた。ところが，1981年の晩秋，青森県南津軽郡田舎館村垂柳遺跡における県教育委員会の発掘調査によって，田舎館式土器を伴うまぎれもない水田遺構が発見されたのである（『垂柳遺跡発掘調査報告書』青森県教育委員会）。これまで，垂柳遺跡での炭化米そのものの発見という実績や，東北北部各地での籾圧痕のついた土器の確認が，伊東信雄氏の精力的な探査によって積み上げられてはいた（「東北古代の文化」『文化』東北大学）が，それらの米がより南部の米作地から交易などによってもたらされたものであるとみて，寒冷な気候の東北北部まで稲作農耕は伝わらなかったとする考え方が支配的であったのである。この考えは垂柳水田の発見によって，一気に払拭された。

1982年11月末には，同県三戸郡南郷村松石橋遺跡から以前に採集されていた壺1点が，西日本に由来する遠賀川式土器の系統のものであることが確認された。引き続いて，垂柳の発掘による水田面積は増え，伴出土器量も増加して年代的にも疑う余地のないものとなった。一方，松石橋土器の確認が刺激となり，東北各地で，のちに詳述するような遠賀川系土器が相次いで発見・確認されるようになった。青森県に限ってみても松石橋の他に，日本海側の深浦町吾妻野Ⅱ遺跡，津軽平野の砂沢遺跡・五輪野遺跡，太平洋側の馬淵川，新井田川流域の是川遺跡，剣吉遺跡などがあり，下北半島を除くほぼ全域に分布しているとみられ

る。これらのうちのいくつかには，籾痕のついた土器も出土していることから，本州北端での稲作農耕の始まりが，この頃にまでさかのぼることは事実だ。これらの遠賀川系土器の諸特徴は，西日本の日本海沿岸部に分布する遠賀川式土器に近似し，また，そのような土器を出土する遺跡は，日本海側に目立つことから，新しい稲作文化は日本海沿岸部を伝わりながら，あるいは，かなり直線的に北上してきたとも見られよう。この北上には，図2にみられるような対馬海流の動きが，きわめて有利に働いたに違いない。仙台平野から北上川流域にかけての地域では，このような土器の分布がほとんど見られないのは，自然的な条件の差によるものと考える。ただ年代的にほぼ同じ頃，仙台平野に稲作が伝えられていた可能性はある。それは，最近，仙台市内の富沢水田跡群のうち鳥井原地区の調査で，田舎館式土器と同年代のⅢ期にぞくする水田跡が発見され，さらにその下層には少なくとも2〜3層の水田面が重層的に存在することが報告されている。これらには，どのような型式の土器が伴うのかはまだわかっていない。

続縄文文化については山内清男氏が『日本遠古之文化』につけ加えた補註（1939年）において，本州が弥生時代に入っても北海道地方は稲作を受け入れることなく，その後も縄文時代同様の生活が続いたとし，「縄紋式以後にも縄紋の多い土器の型式が続いて居る。この式を近年私は続縄紋式と云つて居り……」と記して久しい。のちには東北北部地方をも含めて「続縄文文化」を設定してきた。これに対し坪井清足氏は近年になって，続縄文の範囲をさらに拡大して，東北中部以北は「関東との関連のみられる土器以後を弥生式土器とすべきで」，それ以前の初期弥生土器と編年しているものは続縄文土器とすべきであるとの見解を表明している（陶磁大系2弥生，平凡社）。そしてまた，林謙作氏は今回本誌で，さきに私が記した北部九州の早期または先Ⅰ期の段階，および全国的に縄文時代から弥生時代へ移り変わろうとしている過渡段階をすべて続縄文とするのが適当であるという考えを発表されている。これら二者の意見は，最初の提唱者である山内氏の意図するところと内容的に違うものをさすことになり，拡大解釈して稲作受容後の一定の間をも「続縄文」と呼ぶのは混乱を招くことになりかねないと思うから賛成できない。過渡期はいつの世にもつきもの

図1 東日本における遠賀川系土器の分布

である。かつて40年ほど前に，関東地方で弥生式・縄文式の「接触式土器」という名で処理されたものがあるが，これと同様に，過渡的段階をむしろぼかしてしまう恐れがあると思う。

3 弥生のかたちと文様

ある特定の用途をもち，その用途に応じて定められた大きさと形とをそなえたものを「器種」と呼んでいる。弥生土器のもっとも主要な器種は何と言っても壺である。他に甕・鉢・高杯がある。壺や甕には専用の蓋がつくものがある。また，壺などをのせるための器台も新しく登場した。北部九州では大型器台が，山陽地方ではのちに特殊器台が祭器として異常に発達した形になる。

それぞれの器種にはさまざまな形のものがある。弥生土器だけにみられて，縄文土器にはなかった形のものとして手焙形，蓋付無頸壺，脚の高い高杯などのほか，特殊なものとして，魚や鳥などの動物の形を具象表現した壺などがある。一方，縄文土器だけにあって，弥生土器にはない形のものもある。例えば尖底土器，吊手土器，火焔土器，有孔鍔付土器などがあげられる。

弥生時代には木工用工具が完備したために，刳物による木製の容器類が種類豊富に作られた。中期はその最盛期である。いまのところ東日本ではその実例がきわめて少ない。土器の形が木器にうつされたものもあるが，逆に木器から土器へ意匠盗用した器もある。木器には縄文時代以来の伝統で，漆を塗って仕上げたものがある。鉢や高杯，

図 2 日本近海の海流
日本列島をとりまく海流は，人の移動を大いに助けた。九州南方で黒潮から分岐した対馬海流は，日本海沿岸を北上して北海道西方を通り抜けるが，一部は津軽海峡を通過して三陸沖へと南下する。玄海灘から海流のみの早さで，能登へは1.5ヵ月，津軽海峡へは3ヵ月を要したという。それは，浮流水雷の漂着や，八重山諸島鳩間島沖の海底火山が噴出（1924年10月）した軽石の漂流速度がおしえてくれる。（図は湊正雄監修『日本の自然』1977，平凡社より）

杓子などにその例がある。弥生土器としてはきわめて珍しいものに，土器表面に漆を塗って化粧したものがある。それは，いまのところ鳥取県，島根県のⅢ～Ⅳ期の土器にだけみられる。

弥生土器の文様は縄文土器のそれに較べて一般に清楚である。縄文中期の文様はその器形と一体になって，形からはみ出さんばかりの流動的なものとなっている。土器の文様が単に器表を装飾するという必要性からのみで存在するのではなく，ある文様を守り続けるのには，飾るということ以外に，別の強い要素が働いているからであると言われている。Ⅰ期後半に東海地方西部の一角で登場した水神平式土器の条痕文は，壺，甕，鉢ともに条痕文という何の変哲もない粗い平行線文で埋めつくされている。けっして美しい文様などとは言えない。これは，同じ時，水神平式土器を作った人々の住む村の西方に，迫り来た遠賀川式土器のみを作る人々に対して，粗野な文様で飾った相入れない手法をあえて固執することによって，対峙する姿勢を強く打ち出そうとする意志の表われであると解釈できよう。

縄文土器の装飾法になかったもので，弥生土器に特徴的なものとして赤彩文がある。この赤彩文の起源は，いまのところ，まず北部九州において，先Ⅰ期当初の初期稲作農耕技術や磨製石器などの大陸・朝鮮半島系文化要素の導入から若干遅れて，その後半期に一部の土器製作技法などとともに彩色技法が伝えられたものと考えられる。しかし，その故地がどこであったのかは限定できない。遠賀川式土器の前半期に認められるこの赤彩文は，土器焼成後に塗彩されたもので，焼成後の塗彩前に土器表面を黒色に仕上げる下地作りがおこなわれている。この黒色化は晩期縄文土器にみられる黒色磨研とは別の系統で，恐らく木胎漆器の感覚を踏襲したものだろう。遠賀川式土器に表われたこのような赤彩文は，後代に継続せず，中期以後には別の彩色手法がおこなわれた。

弥生土器の形と文様には時間的な推移とともに，列島内での地方的，さらに狭い範囲の地域的特色が存在する。遠賀川式土器の段階の西日本では，細かく観察すると地方差を摘出することは可能であるが，広い範囲で斉一性を指摘できるのが特色である。これにくらべて中期や後期では，旧制の国単位ごと（例えば筑前と筑後，河内と大和・山城）に地方色が把握できるし，さらに小単位（博多と嘉穂，北河内と中河内・南河内）の差異も認め得る。原始社会における土器作りが一般に女性の手になるものであるというこれまでの研究成果から，共通する器形とそこに表われた共通の文様の分布は，女性の結婚し得る範囲―通婚圏の現われであるという，都出比呂志氏の一連の研究（『日本女性史』1，東京大学出版会）がある。ある土器の，主たる分布範囲を越えての搬入や搬出関係についても同様である。地方を越えての土器の移動は，多数の人々の移動を物語っている。この研究は清水芳裕氏によって推し進められている（「土器の動き」弥生文化の研究，雄山閣）。これらの研究がさらに積み重ねられれば，弥生土器の内容はさることながら，弥生社会の一端がより一層明らかに，われわれの前によみがえるであろう。書き尽せないが，弥生土器の世界ははてしなく広い。

特集● 弥生土器は語る

弥生土器の誕生と変貌

弥生土器の生成と流転を知り，列島内での移動の軌跡がたどれたとすれば，それは，そのまま弥生社会の動態を知ることになる

弥生土器のはじまり／遠賀川・砂沢・水神平／人が動き土器も動く／弥生土器から土師器へ

弥生土器のはじまり
―遠賀川式土器の系譜とその成立―

京都大学研修員
家根祥多
（やね・よしまさ）

西日本の弥生文化は刻目突帯文期の終末に弥生土器のみによる組成をもつ地域が成立し，これが東に及んで成立したと考えられる

1 はじめに

　かつて筆者は帝塚山考古学研究所主催のシンポジウム『縄文から弥生へ』において「縄文土器から弥生土器へ」と題して発表を行ない，弥生土器の成立に関しての考えを述べたことがある[1]。今ここに発表する内容も当時と基本的に異なるものではないが，若干の新しい知見を加え記述を試みたい。

　西日本における弥生土器の系譜に関しては，2つの考え方が存在した。1つは春成秀爾に代表される朝鮮半島に由来を求める考え方である[2]。春成は夜臼式を縄文人の土器，板付Ⅰ式を朝鮮半島から渡来した人々の土器と考え，両者の共業を通じて弥生文化の成立を理解しようと試みたが，この考えは夜臼式単純期の水田の発見や，板付Ⅰ式が朝鮮半島に存在しない点から一般には認められず，その後は第2の考え方，つまり朝鮮半島からの一定の影響は認めながらも北九州の縄文人によって稲作が主体的に導入され，したがって弥生土器の系譜も縄文土器の中に認め得るという考え方が一般的となり今日に至っている。諸説の委細に関しては田崎博之の最近の著[3]に詳しいのでこれ

を参照されたい。また刻目突帯文土器の編年に関してもすでに筆者の考えは明らかにしているので紙数の関係上これを省かせて頂いた[4]。ただ近畿地方では最近明らかになった兵庫県口酒井遺跡の資料[5]を滋賀里Ⅳ式の後半期にあてる考えがあり，筆者もこれはおおむね妥当と考えている。

2 縄文土器・弥生土器・朝鮮無文土器の製作技術

　われわれが土器の編年や系譜を研究する際に忘れてはならないのは，研究者の目に入りやすい器形や文様など個々のばらばらな要素ではなく，過去のある集団が生活を営む際に必要な用具としての土器を製作したその技術の総体を対象としているという認識であり，これは古く小林行雄が明快に述べている[6]。

　この認識に基づき土器の製作技術という本質に戻って，弥生土器の系譜を考えることにする。対象とするのは問題となる縄文土器，弥生土器，朝鮮無文土器に共通に存在する煮沸形態，すなわち深鉢と甕であるが，調整を別にすれば，これから問題とする粘土紐の接合技法に関してそれぞれの土器の他の器種も共通の技法によっていることは

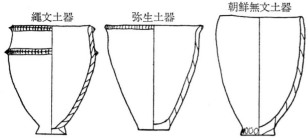

図 1 粘土紐の接合方法
左：板付[11]，中：菜畑[7]，右：大坪里（家根スケッチ）より模式化した。註1) より再録。

言うまでもない。

西日本の縄文晩期の深鉢は，一般に外面をケズリ，内面を丁寧なナデによって仕上げており，筆者が確認する限りでは幅 1.5〜2cm ほどの粘土紐を内傾，つまり粘土紐の上面が土器の内側に向かって傾斜する接合方法によって製作されている（図1左）。これに対して，遠賀川式系の弥生前期の甕は外面をハケ目，内面を丁寧なナデによって仕上げ，幅が 4〜5cm の粘土紐を縄文土器とは逆にその上面が土器の外側に向って傾斜する外傾手法によって製作されており（図1中），深沢芳樹によれば，奈良県唐古遺跡の古段階・中段階の土器は，確認できるものはすべて外傾手法によるという。

一方，縄文晩期後半から弥生前期前半に併行し，弥生土器の成立に関わった可能性のある朝鮮無文土器前期の孔列土器およびこれに後続する広義の松菊里型の無文の甕は，筆者の実見によれば擬口縁として確認できたものはすべて外傾の作りによっており，粘土紐の幅も弥生土器と同じく 4〜5cm 前後で（図1右），外面の調整は丁寧なナデ，磨研によっておりハケ目調整も存在する。内面の調整は板ナデ，指ナデなどによっており，弥生土器と比べてやや荒い観がある。

3 弥生土器の系譜とその成立過程

以上三者を比較して明らかなように，弥生土器は縄文土器よりもむしろ朝鮮無文土器前期の土器の系譜を引くと考えられる。こうした朝鮮無文土器前期の土器と類似する製作技法を持つ甕は，初期稲作期の遺跡として知られる佐賀県菜畑遺跡からも出土しており[7]（図2-10〜12），実見できなかったが報告書によれば福岡県曲り田遺跡からも出土している模様である[8]（図4-8）。こうした土器は同様の単純な器形の縄文系深鉢（図4-9）があることから看過され，同類に帰属されているが，前述の外傾手法と粘土紐の幅，内外面の調整から，むしろ朝鮮無文土器前期の甕の系譜を引くものと判断できるのである。

また菜畑遺跡には弥生祖形甕と呼ばれる口唇部に刻目を持つ土器があり，山の寺式ではそのほとんどが内傾手法によるが（図2-7），外面を丁寧なナデないし磨研によるものが多く，夜臼式ではその多くが外傾手法に変化し，外面にハケ目調整が現われる（図2-8）。こうした過程を経て外傾手法とハケ目調整が一般化し，板付I式の甕が成立するわけである（図2-9）。先の単純な器形の縄文系深鉢の中にも内傾手法によりながら，内外面の調整は丁寧なナデによるものがあり，こうした系譜の異なる伝統の混淆の中から，最終的には朝鮮無文土器に普遍的な製作技法が選びとられ，遠賀川式弥生土器が成立すると考えられるのである。

興味深いのはこうして朝鮮無文土器の系譜を引く技術を選び取りながらも，弥生の甕として成立するのは口唇部に刻目を持つ器種であり，無文の甕ではない点である。つまりこのようにして成立した弥生の甕が，朝鮮無文土器前期の甕でも刻目突帯文土器でもない口唇部に刻目を持つ器種を祖形としている点に，日本における初期稲作文化の成立過程の内実が反映されていると考えられるのである。刻目突帯文土器成立期において，周辺地域であった唐津湾沿岸の一般的な深鉢に，朝鮮無文土器前期の甕の製作技法が導入され，これを基本として弥生の甕が成立した訳である。

この口唇部を刻む深鉢は，刻目突帯文土器成立期の北部九州西部において，刻目突帯文を持たない単純な器形の深鉢の一部にのみ口唇部の刻目が一般化して成立したと考えられ，その意味で，筆者がかつて示した九州地方の刻目突帯文成立期に口唇部を刻む手法が一般化しなかったとの考えは訂正しなければならないが[9]，逆にこの地域が刻目突帯文土器の成立に関わらなかった点，および刻目突帯文土器の成立が日本における稲作文化の成立と無関係である点は再び強調しておきたい。

山の寺式で口唇部全面に施された刻目が，夜臼式で口唇部の外端に移動するのは，刻目突帯文深鉢の突帯上の刻目の影響によると考えられ，妥当

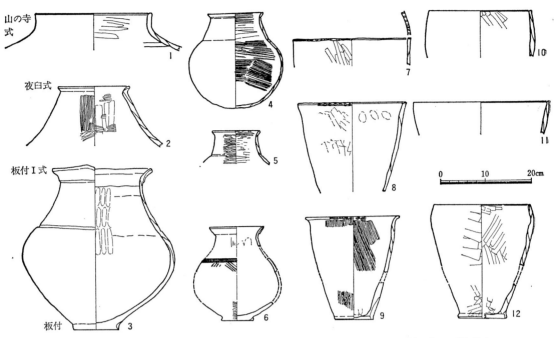

図 2　弥生土器成立期の壺（1〜6）・甕（7〜9）・朝鮮無文土器系甕（10〜12）＜3以外はすべて菜畑出土＞

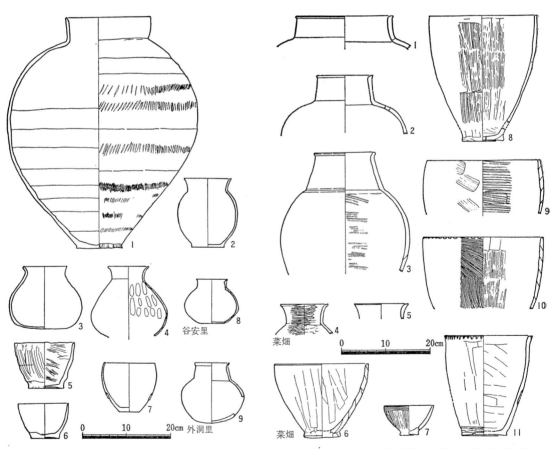

図 3　朝鮮無文土器前期の壺・鉢
＜8・9以外はすべて大坪里出土＞

図 4　朝鮮無文土器に類似する壺（1〜5）・鉢（6・7）および曲り田遺跡出土の無文の深鉢・弥生祖形甕
＜4・6以外はすべて曲り田出土＞

られる（図2—1）。曲り田遺跡出土の図4—1などもこれと比較的近い形態を持つらしい。しかしその後の弥生の壺の祖形になるのは、むしろ後者の丹塗磨研の壺に近い形態を持つもので、甕と同様外傾手法によるものの比率を増加させながら、裾開きの肩の下端で屈曲する平底の独特の大型、小型の壺を発達させるようになる。菜畑遺跡出土の図2—4・5、図4—4、曲り田遺跡出土の図4—2・3・5などは朝鮮無文土器の小型の壺に近い形態を持つと言えるが、曲り田遺跡例の図4—2・3のように大型のものもあり、甕と同様朝鮮無文土器から基本的な製作技術を受け継ぎ、非常に近い形態を持つものを混じえながらも上述の夜臼式にみられる日本独自の形態に収斂して行った様が看取できるのである。

高杯に関しては、大坪里遺跡など日本の稲作文化の成立に影響を与えたと考えられる該期の朝鮮半島南部の遺跡からは発見されておらず、菜畑遺跡で確認できるようにこの時期に北部九州で独自に発達したと考えられる。

以上のように、かつて板付Ⅰ式と夜臼式の共伴として確認された状況は、朝鮮無文土器系の外傾接合による単純な器形の甕、弥生祖形甕、朝鮮無文土器の壺の系譜を引く夜臼式系の壺と、

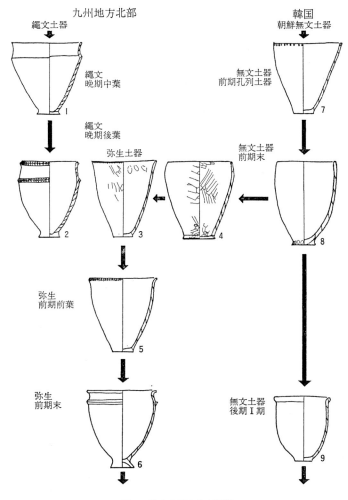

図5 弥生土器の成立過程
1：黒川，2：板付，3〜5：菜畑，6・9：諸岡，7・8：大坪里より模式化した。註1）より再録。

な型式推移と判断できる。以上、煮沸形態土器にみる弥生土器の成立過程を韓国と北部九州の大まかな編年の対比によって示したのが図5である。

次に壺について見てみたい。図3は慶尚南道晋陽の大坪里遺跡を中心とした壺と鉢である[10]。1は大型の丹塗を施さない壺で、このタイプは通常丸く張り出す胴部に比較的短く立ち上がる口縁部を持ち平底となる。2のように比較的小型のものもみられるが、基本的には大型である。丹塗磨研のものと比較すると磨研はやや荒い。壺のもう1つのタイプは丹塗磨研を中心とする中型、小型の作りの丁寧なもので（図3—3・4・9）、丸底ないし底側面の張り出さない平底を持つ。

菜畑遺跡では山の寺式に内傾手法によりながらも前者の大型の壺に近い形態になるらしい壺がみ

縄文土器本来の深鉢と浅鉢および新たに独自に成立した高杯という複合的な組成を持つ山の寺式にまで遡ることが明らかとなった。菜畑遺跡の水田に対しては山崎純男などによって新しい板付Ⅰ式期の所産とみる批判が加えられているが、問題とされている水田の帰属時期はともかく、こうした土器組成や大陸系磨製石器の存在は、山の寺式期においてすでに稲作が行なわれていた事実を裏づけるものである。

4 遠賀川式の成立をめぐって

北部九州において、山の寺式に成立した前述の複合的な土器組成は板付Ⅰ式において縄文的要素を払拭し、外傾接合による壺、甕、鉢、高杯という組成となった後、瀬戸内海を東進して近畿地方

および東海地方西部にまで到達し，ここにいわゆる遠賀川式土器圏が成立して西日本の弥生化が完了する。北部九州以東への拡大の時期を板付Ⅰ式とするか板付Ⅱ式以降とするかの問題や，外傾接合への着目はともかく，中部九州以南を除く西日本における弥生文化の成立の荒筋は以上のように理解されて来た。が，果たしてそうであろうか。

最古の弥生土器とされて来た板付Ⅰ式は，その発見の経緯[11]や，北部九州が弥生文化の揺籃となった地域と考えられたことからもこの地域で成立したと判断され，夜臼式から板付Ⅰ式への型式推移に関しても型式学上の明確な説明が加えられていなかった。板付Ⅰ式のメルクマールのうち，円盤貼付状の底部は夜臼式の伝統を継ぐものであり，在地的な古い特徴を残していると言える。甕の口唇部全面への刻目は，板付Ⅰ式が刻目突帯文土器の組成を欠落させることによって，夜臼式の弥生祖形甕のように刻目突帯文土器の突帯上の刻目の影響を受けなくなり，外端部から口唇部全面へと移行したと解することもできる。

最後は壺の頭部の上下端にみられる段である。これは夜臼式以前における弥生祖形甕の存在が明らかになった現在，板付Ⅰ式を夜臼式と区別し，特徴づける大きなメルクマールである。板付Ⅰ式の壺の頭部上端つまり口縁部側の段は，山崎純男によれば口縁部の外側に新たに粘土紐を付加して作るという[12]。一方瀬戸内地方で今のところ最も古いと考えられる岡山県津島グランド遺跡の資料や，津島南池遺跡の資料[13]では，口縁端部となる粘土紐の継目を利用して段とするものが比較的多く，これらよりやや新しいと考えられる高知県田村遺跡の古い資料でも粘土紐の継目を利用して段としたものが比較的多い[14]。型式学的にみて後者から前者への移行は認められても，その逆の推移は考えにくい。また先述の津島グランド遺跡，津島南池遺跡ではこうした古い土器のすべてを外傾手法によって製作しており，田村遺跡でもほとんどすべてが外傾手法によっているが，北部九州の場合には擬口縁を手懸りにしたこうした検討が十分には行なわれていないのが現状である。

重要な点は，縄文土器の組成を払拭し外傾手法のみによって製作された弥生土器単独の組成がどの地域でいかにして出現したかにあり，上述の検討からもそれを福岡平野に限定する根拠はない。山の寺式で成立した複合的な土器組成は福岡平野

以東では今のところ確認されていないが，遠賀川流域や瀬戸内地方では，刻目突帯文後半期のまとまった資料を欠いており，こうした地域の刻目突帯文終末期にこの組成が成立していた可能性がある。板付Ⅰ式の円盤貼付底が九州地方の在地的要素の残存であるならば，これをもって最も古いとすることはできず，むしろ壺の段における型式学的検討からすれば，少なくとも瀬戸内地方の一部がその成立に積極的に関わっていたと考えられる。

したがって西日本における弥生文化の成立は，刻目突帯文期の終末段階に瀬戸内地方の一部にまで及んでいた前述の複合的な土器組成を持つ地域の中から，弥生土器のみによる組成を持つ地域が成立し，これがさらに東に及んで中部九州以南を除く西日本の弥生文化が成立したと考えられるのである。北部九州西部の板付Ⅰ式はその西辺部の資料と考えられる。

5 結　び

最近，北部九州以外の地域でも刻目突帯文期の水田が明らかとなって来た。岡山県津島江道遺跡では沢田式あるいはこれにやや先行する時期の水田が確認され[15]，大阪府牟礼遺跡でも滋賀里Ⅳ式後半期と思われる堰が発見されて，水田の存在する可能性が指摘されている[16]。稲作の可能性を示唆する夜臼式系あるいはこれを模倣した壺は愛知県馬見塚遺跡でも確認され[17]，船橋式併行期には東海地方西部にまで及んでいたことが知られている。したがって山の寺式あるいはその直後の段階に，これらの地域においてすでに稲作の試みがなされていたことが窺えるのであるが，縄文土器が器種構成を変えながらそのまま弥生土器に発展する東日本とは異なり，これらの地域では遠賀川式の波及をもって弥生文化が成立し，大陸系の磨製石器を持たない刻目突帯文土器との間に，土器の上でも石器の上でも大きなヒアタスが存在する。これをどう捉えるべきであろうか。

後の『魏志』倭人伝にみるのと同じルートを辿り唐津湾周辺に成立した複合的土器組成を持つ文化が，渡来人と在地の縄文人との共業から生まれたことは，上述のこうした土器組成を持たない刻目突帯文土器圏の状況や東日本における弥生土器の成立過程をみても明らかであろう。これ以外の刻目突帯文土器圏では，例えば大阪府長原遺跡[18]

などにみるように土偶や石棒をなお保持しており，主として最初の複合的土器組成を成立させた地域からの情報としての稲作技術の伝播によって縄文人がその社会構造を大きく変えることなく稲作の試みを行なったものと推測する。

また先の山の寺式で成立した複合的土器組成を持つ稲作文化はその適地を南にではなく気候が類似し，水田経営に適した沖積地の広がる東方に見い出し，一定の社会変革を遂げた後瀬戸内海の一部にまで拡がり，その生業基盤を確立し縄文土器の組成を払拭して遠賀川式土器が成立する。こうした人々を海岸伝いに半農半漁の民とした金関恕の意見や，山口県土井が浜にみる金関丈夫による弥生人骨の所見などは，以上の状況をある程度裏づけてくれるものと考える。

このようにして社会的，文化的に優位に立つ一定の渡来人が関わることで，基本的な社会変革を成し遂げて成立した遠賀川式土器に代表される弥生集団が，世代を重ね人口増加を来たすことによって可耕地である沖積平野がより広範囲に展開する近畿地方などのさらに東の地域に拡がり，縄文社会の構造を大きく変えずに水田経営を試行していた集団を同化してゆくのは歴史の必然的な流れと言える。

もちろん社会変革に軋轢はつきものであり，こうした変化に抵抗する動きとの混沌の中から，各地域の弥生前期社会が成立したのであろう。一見斉一性を保ってみえる遠賀川式土器の持つ細かな地域差や，墓制における地域差にも，その受容の過程が必ずしも一様でなかったことが窺えるのである。

遠賀川式土器の文化が東海地方西端部を越えて東に拡がらなかったのは，従来言われている稲の品種の問題よりも，むしろ縄文人の集団差の問題や，近畿地方，東海地方西端部など遠賀川式の広がった東半部地域にその後の人口増加や社会的発展を約束する十分な可耕地の広がりがあったことによると考えられる。

遠賀川式の弥生文化がその成立過程において既存の縄文社会の要素を吸収し若干の変容を遂げながらも，朝鮮半島南部に由来する社会の基本的要素を保ちながら成立したことは，その後のこの文化の広がった地域の弥生文化の発展を考える上で重要と思われる。北部九州の影響のもとに，在地の縄文人の農耕化によって弥生文化を成立させた中部九州以南の地域において青銅器文化があまり発達をみないのに対し，朝鮮半島からはるかに遠い近畿地方において，近畿地方で言う前期末あるいは中期初頭の段階に銅鐸の製作が行なわれた可能性の強い点や，大阪府大県遺跡での多鈕鏡の存在，その後の日本における青銅器文化の広がりなども，この地域の弥生文化の母胎となった遠賀川式土器の文化に対する上述の解釈を裏づけるものと考えられる。

註
1) 家根祥多「縄文土器から弥生土器へ」『縄文から弥生へ』帝塚山考古学研究所，1984
2) 春成秀爾「弥生時代はいかにしてはじまったか」考古学研究，20—1，1973
3) 田崎博之「弥生土器の起源」論争・学説日本の考古学，4，雄山閣，1986
4) 家根祥多「晩期の土器・近畿地方の土器」縄文文化の研究，4—縄文土器Ⅱ，雄山閣，1981
   家根祥多，註1)に同じ
5) 泉　拓良「縄文と弥生の間に—稲作の起源と時代の画期—」歴史手帖，14—4，1986
6) 小林行雄「様式」『弥生式土器聚成図録』東京考古学会，1938
7) 中島直幸ほか『菜畑遺跡』唐津市文化財調査報告第5集，唐津市教育委員会，1982
8) 橋口達也ほか『石崎曲り田遺跡Ⅲ』福岡県教育委員会，1985
9) 註4)に同じ
10) 趙由典「慶南地方の先史文化研究—晋陽大坪里遺跡を中心にして」考古学，5・6合輯，1979
11) 森貞次郎・岡崎　敬「福岡県板付遺跡」『日本農耕文化の生成』第1冊本文篇，日本考古学協会，1961
12) 山崎純男「弥生文化成立期における土器の編年的研究」『鏡山猛先生古稀記念古文論攷』同記念論文集刊行会，1980
13) 藤田憲司「中部瀬戸内の前期弥生土器の様相」倉敷考古館研究集報，17，1982
14) 出原恵三ほか『田村遺跡群』第2分冊，高知県教育委員会，1986
15) 津島江道遺跡については，日本考古学協会昭和61年度大会の研究発表「縄文時代から弥生時代—西日本における研究の現状と課題—」の席上で泉拓良が紹介している。
16) 宮脇　薫「縄文晩期の水田跡—大阪府牟礼遺跡」季刊考古学，15，1986
17) 岩野見司ほか「馬見塚遺跡」『新編一宮市史　資料編一』一宮市教育委員会，1970
18) 家根祥多ほか『長原遺跡発掘調査報告書Ⅱ』大阪市文化財協会，1982
   松尾信裕ほか『長原遺跡発掘調査報告書Ⅲ』大阪市文化財協会，1983

遠賀川・砂沢・水神平

奈良国立文化財研究所
■ 工楽善通
（くらく・よしゆき）

弥生的生活が始まって間もない頃の九州・本州島は，大別して三
原色に塗りわけられる。それらが交り合い混濁したときが中期だ

稲作農耕が定着し始めると，数千年続いた伝統的な縄文土器から脱皮して，農耕社会の食体系のなかに組み込まれた新たな日用什器としての弥生土器が誕生した。それは弥生時代前期の中頃を過ぎようとした頃であり，紀元前200年前後のことである。この頃の日本列島の土器を，大きな視点でとらえてみると，本州のほぼ西半分を占めて分布する遠賀川式土器，東海地方西部に中心をもちながら中部地方から関東，東北地方の南部にまで拡がる水神平式土器（条痕文系土器），それに，縄文土器以来の根強い伝統にしばられながら，主たる分布範囲も亀ヶ岡式土器のそれをほぼ継承し，いっぽうで，西日本的要素を早く受け入れた砂沢式土器，の三相にわけ得るであろう。

この三者の土器がそれぞれの本拠地で，ある限られた間，独自に発展する段階と，時間の経過とともに地域を越えて他と互いに交流することによって，新たにこまかい地方差を生じていく段階とにわけて全体を見通せば，われわれは各地での弥生文化の受容とその発展を適格にとらえることができるであろうと思う。

1 遠賀川式土器のふるさと

遠賀川式土器の名称は，1932年に小林行雄が「吉田土器及び遠賀川土器とその伝播」[1]を報告するなかで，前期弥生土器の総称として始めてその名の使用を提唱したことは周知の事実である。遠賀川は福岡県東部の直方平野を北流して，玄海灘へそそぐ最大の河川である。その河口から約10km遡ったところの東岸の河原に，立屋敷遺跡がある。一名，遠賀川遺跡とも呼ばれていた。

この遺跡は，小林報文の前年にあたる1931年夏に，名和羊一郎によって発見され，文様豊富な多数の土器が採集されたことにより一躍有名になった。当時九州帝大にいた中山平次郎は，福岡地方に分布する弥生土器に興味をいだき，それらを少なくとも「二系統に小分する」ことをかねがね考えていた。そこへ遠賀川河床から多数の有文土器が増えたことにより，その見解を発表した。二系統のその一つには，従来からよく知られていた「簡素単調なる興味に乏しき土器」として無文様の土器（今日でいう中期の須玖式を代表とするもの）をあて，その二には，河床発見の文様ある弥生土器を代表させた。そして，前者を第一系弥生式土器，後者を第二系弥生式土器と名付け，「第一系を似て古しとし，第二系を以て其の後のものと認定せんとす」としたのである[2]。

同年，小林はこの前後関係が誤りであることを見抜き，遠賀川河床で発見された有文土器と同類のものが，伊勢湾沿岸地方に至るまでの西日本に広く分布することを指摘した。そしてまたこの事実は，弥生文化が西から東へと伝播したひとつの証拠であるとものべた。本年からちょうど55年前のことである。

2 遠賀川式土器研究の現状

今日，広域に分布する前期弥生土器を総称して呼ぶこの名は，地方ごとの細別を意識的に無視し，ある一定範囲内の同じ特徴をそなえたものをひっくるめて呼ぶ際に，きわめて重宝に利用している。しかし，そもそも遠賀川式土器誕生の地である北部九州——なかでも唐津平野や福岡平野においては，その地域で出土する前期の土器が，遠賀川河床およびその周辺一直方平野—から出土する有文土器とはだいぶ様相が違うことから，遠賀川以西の地まで含めて遠賀川式土器の名称で総称することはふさわしくないという考えで，この名は北部九州のほとんどの研究者の間では用いられていないのが実情である。

唐津・福岡平野を中心とした地方の前期初頭の土器では，大小の壺における丹塗磨研の手法や，小壺にみる幾何学的彩文や箆描きによる繊細な重弧文，複線山形文などの特徴がみられ，このような初期のものは直方平野には乏しいのである。また，その後の発展をみても，タマキガイなど二枚貝腹縁を押圧してつける綾杉文，木葉文，重弧文，

縦方向の区画線文などの繁縟なまでの文様展開を
とげる直方平野を含めた，より以東の地域とは確
かに大きな違いがある。この両地域の差は，すで
に早期の段階でも深鉢に表われた刻み目凸帯のあ
りかたからもよみとることができる。このような
ことから，北部九州では，前期土器は板付遺跡出
土の土器を代表させ，板付Ⅰ式，板付Ⅱ式土器と
し，Ⅱ式はⅡa・Ⅱbにさらにわけて常に細別し
て呼んでいる[3]。

いっぽう近畿地方では，前期全体を古段階・中
段階・新段階の三期に細別する考えが一般的とな
っている[4]。一時，古段階は単独では存在し得な
いという見方も出されたが，大阪市長原遺跡，東
大阪市水走遺跡の成果から，今ではその存在が確
実となっている。しかし，その時間幅は短かった
と思われる。

ここでまず遠賀川式土器が地域を越えて共通す
る一般的な特徴をあげておこう。

器　種：早期の菜畑遺跡では深鉢が 50％ 以上
を占め，浅鉢が 40％ 近くもあって他に若干の
壺・高杯が伴う器種構成であった。ところが板付
Ⅰ式になると壺の量が著しく増え，壺と甕（前代
の深鉢）がほぼ同量で，合わせて 80％ を占める
ようになり，他に少量の鉢，高杯と壺・甕用の蓋
などが伴う。板付Ⅱ式には無頸壺も登場する。こ
のような器種構成は各地でほぼ同様である。

製作技法と文様：壺・甕ともに粘土中に砂粒を
多量に混和している。これは破断面で良く観察さ
れるが，壺など器表を箆磨したものでは，表面
から砂粒は見え難い。粘土紐を積み上げて土器を
形作るとき，粘土紐の接合面が外傾する手法をと
る。この手法は板付Ⅰ式の段階になって始まり，
のちの弥生土器をも特徴づけている[5]。最古の壺
では，口頸部の境に粘土紐を外傾させて接合した
際の段をそのまま残したものや，新たに粘土紐を
貼り付けて肥厚させたものがある。また，頸と胴の
境にも段を設けて区分文様としている。この段は
のちに沈線化し，前期土器細別の基準ともなって
いる。仕上った土器の内外面は，割り板の木口面
を使ってこするため，ハケ目と称する平行線がつ
く。甕はハケ目仕上げのままであるが，壺や鉢は
表面を幅狭くていねいに磨いて美しく仕上げてい
る。文様は箆描き沈線で描くのを基本とし，平行
線のほか壺では重弧文，山形文，綾杉文，斜格子
文などが主なものとしてあげられる。甕は口縁端

部に刻み目を施したものがあり，また，口縁下に
1〜3 本程度の沈線文を描くことが多い。

前期の初頭から，主として小型壺に，赤色顔料
（べんがら＝Fe_2O_3）を用いて幾何学的な文様を線描
きしたものがある。近畿地方の中心部では，高さ
20〜30 cm の中型壺に木葉文など華やかな文様を
平塗りの手法で赤彩するものがあり，一部尾張地
方にまでおよんでいる。これらの赤彩文は土器焼
成後に描いたものであり，一般には赤彩文を施す
前に土器全面を塗沫物によって黒色に仕上げるこ
とをしており，赤と黒の効果をねらっている[6]。
この赤彩文は北部九州では板付Ⅰ式のみであり，
近畿地方では，主として前期の中段階までであ
り，中期には受け継がれない。

分　布：遠賀川式土器が主として分布する範囲
は，太平洋側では伊勢湾沿岸地方までであり，日
本海側では京都府の奥丹後半島までの西日本全域
である。その伝播は，北部九州の板付Ⅰ式土器の
後半時点で起こり，いち早く瀬戸内海を東進して
岡山平野に至っており，津島遺跡にその跡がうか
がえる。さらには，当時，大阪湾奥に出来上って
いた河内潟の沿岸部に受け入れられ，同時にまた
奈良盆地にまで達したと考えられる。いっぽう
では，日本海沿岸部を東進して島根半島付近にま
で達していることは，タテチョウ遺跡，西川津遺
跡の土器が物語っている。ほぼ同じ頃，さらに，
恐らく豊後水道を経由して四国南岸部にも達し，
南国市田村遺跡で集落が営まれている。したがっ
て，かなり接近したほぼ一時点で各地へ及んでい
ったことがわかる。

もちろん，これら遺跡への弥生土器の伝播は，
単に土器のみの波及ではなく，人が動き，他の弥
生文化を特色づける文物も伝わっている。津島遺
跡や田村遺跡では水田遺構も見つかっている。そ
して間もなく，板付Ⅱ式土器の段階に入ると，西
日本全体が遠賀川式土器使用の地帯となる。この
間，実に西から東への新文化の伝播のみにとどま
らず，各地で相互の交流があったことも事実であ
る。西からの影響により畿内で華さいた赤彩文な
どは，大阪湾岸から西へ流出して播磨から岡山平
野へ達し，さらには出雲方面にまで伝わっている
ことが知られている。黒地に描くこの赤彩文の隆
盛は，さらに東の地で盛んであった髹漆技法と大
いに関係するのかも知れない。前期の中頃を過ぎ
ようとする頃になると，この遠賀川式土器は東日

本へ拡がっていく。

太平洋側では，いち早く航路で伊豆七島新島にまでもたらされ，また，沿岸づたいに相模湾近郊にまで達している。陸路では伊那谷に点々とその伝播の跡がみられ，松本平から北信に至り，千曲川を経て浅間山南麓の峠を越えて群馬県南部という奥深い所にまで達しているのである[7]。

一方，日本海側では，能登半島に到り（羽咋市吉崎次場遺跡），さらに半島を迂回して今のところ山形県（酒田市生石2遺跡），秋田県（秋田市地蔵田B遺跡）さらに青森県（八戸市是川遺跡ほか）にまで達していることが知られるようになった[8]。もちろんこれらの地域は，縄文時代の伝統が根強く生き続けた土地であり，遠賀川式土器もそれらの中に混り変容せざるを得なかった。それが遠賀川系土器である。

3 砂沢式土器の展開

砂沢式土器は，青森県西部にそびえる岩木山の東北麓にある砂沢遺跡（弘前市新和）から出土した土器群について名付けられたものであり[9]，その年代的位置は，縄文時代晩期終末の大洞A'式に後続する型式とされている。しかしまた別に，砂沢式を大洞A'式そのものとみる見解や，大洞A'式を前後二時期にわけ，砂沢式をその後半にあてる見解などもある。本型式の器種は，甕，煮沸用の深鉢，鉢，台付鉢，高杯，壺，注口土器によって成りたっている。甕と深鉢が全体量の約半数を占め，鉢，高杯，壺が10％〜20％を占める比率は，縄文時代晩期終末の性格をそのまま受け継いだものと考えられている。鉢，高杯，壺はいずれも，胎土，焼成がすぐれ，施文後の箆みがきがていねいである特徴をもっている。もっとも一般的に用いられる文様は，前代からすでに成立していた「変形工字文」であり，後へも変化しながら引き続き使用される。台付鉢や高杯には波状工字文がみられる。とくに鉢や高杯では，文様間を箆先でつついた鋭い刺突文で充塡するのも大きな特徴である。

このような真正の砂沢式土器の分布は，秋田県中央部の雄物川流域までと，岩手県北部地方にまで広がっている[10]。これに南接する周辺部でも稀薄だが砂沢式土器は分布し，また，東北地方中部以南には，大洞A式土器以降の工字文から派生した浮線文土器に系譜をひく多様な土器群が拡く分布している。そしてそれぞれの地域で西からの遠賀川系土器，条痕文系列の水神平式土器と共存し合っている。

砂沢式土器の構成要素の基本は，何といっても縄文晩期以来の亀ヶ岡式土器にあるのだが，さらに本式を構成する重要な要素の一つに，遠賀川式土器に由来する一群の土器が存在することが，ここ数年の調査で明らかになってきた。遠賀川式土器に由来する土器とは，西日本の分布地から実際に運ばれてきた遠賀川式土器そのものである場合と，それを模倣して東日本のある地域で作った土器とがあり得るわけで，それらを合わせて「遠賀川系土器」と呼ぶことにしたものである。ほかに，

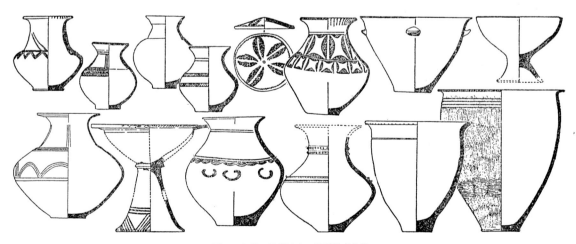

図1　九州・近畿地方の遠賀川式土器

亀ヶ岡式土器とこの遠賀川系土器との両者の特徴を兼ねそなえた折衷土器とも言うべきものとの三者がある。

　砂沢式土器に含まれるこの遠賀川系土器と折衷土器には，土器作りのための粘土選びから，土器のかたち，器面の調整法，施文法，土器焼成後の加工に至るまでの全工程がきわめて良く共通している。このような遠賀川系土器の分布からみたその東北への伝播経路は，先にも少しふれたように日本海沿岸部を北上し，青森県にまで達している。東北地方における内陸部や太平洋側の分布状況から推察すると，この地方へは，日本海沿岸方面から河川伝いに内陸部へ入り込んできたらしいことがいえる。このような土器の伝播は，交易などによって単に土器のみが移動したというものではなく，遠賀川式土器の製作にたずさわっていた人々が移り住み，それぞれの土地に従いながらも故地の土器作りを再現したものだろうと考えられる。当時における人の移動は，また稲作の伝播をも意味するものであろうが，砂沢式土器に籾圧痕のついた土器はあるものの，いまのところこの時期の水田遺構などその痕跡はほとんどないに等しい。また，砂沢式土器に伴う石器は縄文文化の伝統をひくもので，西日本的な各種の磨製石器は見あたらない。砂沢式土器に伴う遠賀川系土器は，西日本の前期弥生土器に対比して，年代的にどの段階に位置づけられるかというと，壺・甕の形態や文様の特徴から判断して，古・中・新の3段階に細別したときの中段階に対応する。しかし，西日本で古〜中段階の識別の示標としている口頸部間の段，および頸胴部間の段の使用や，中段階を特徴づける削り出し凸帯の使用は純粋な形では認められない。そして，粘土紐を貼りつけて装飾とするなどの新段階の諸特徴もまた認められないのである。

　はたしてこれらの遠賀川系土器が，どこで製作

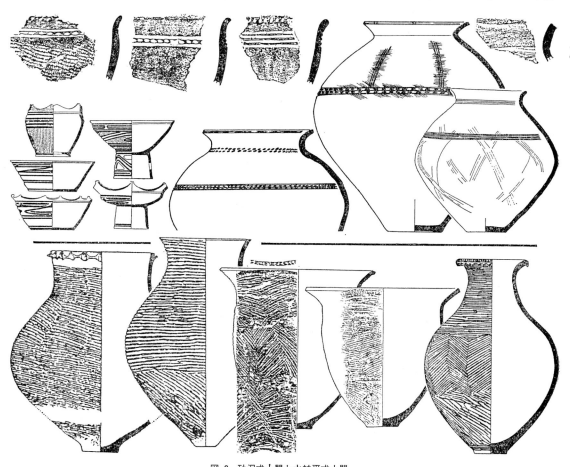

図2　砂沢式土器と水神平式土器
上段：秋田・青森県の砂沢式土器
下段：東海・関東地方の水神平式土器

されたのかは興味あるところである。単なる表面的な肉眼観察だけからでは断定できず，いま科学的な分析調査が進められている。その多くはそれぞれの消費地またはその近くで作られたことが判明しているが，なかには遠方で作られた土器が数100km も運ばれている事実も報告されている[11]。

4 水神平式土器の展開

太平洋側において，遠賀川式土器の主たる分布域に東接した東海地方西部では，縄文時代晩期の中葉以降に目だちはじめた手法で，土器表面の調整と施文を兼ねておこなう条痕文で覆った土器が登場する。これはかつては「弥生式文化に接しながら純粋弥生式土器の形式的特徴を殆んど残さない」ものという概念でとらえられていた[12]。その中心的存在が水神平式土器である。

この型式名のもとになった水神平遺跡は，愛知県東部を南流して三河湾にそそぐ豊川右岸の段丘上にあり（一宮町上長山），土器棺を埋設した墓地遺構である。条痕文土器は，今日では一般に樫王式→水神平式（I・II）→岩滑式という型式をたどるとされている[13]。樫王式の名は豊川河口にほど近い台地末端にある 樫王貝塚（小坂井町欠山）に由来している。

これらを，尾張地方を中心に分布する遠賀川式土器に対応させてみると，樫王式＝貝殻山式（中段階），水神平式＝西志賀式（新段階），岩滑式＝朝日式（第二様式）という考えが一般化している。するとこれらすべてを含めて条痕文土器という名で呼ぶとすれば，中期の土器まで包括してしまうことになり，いまここで，西日本の遠賀川式土器や，東北地方に分布する砂沢式土器に対比して，条痕文土器を同時代の東海地方の土器としてとりあげるには不都合である。したがって，私は前期のものに限って「水神平式土器」の名を与えておきたいと思う。もちろん，前期の中段階，新段階を含めたものである。

このような水神平式土器の成立過程は複雑である[14]。しかし，樫王式段階が西日本の前期弥生土器の中段階に相当し，甕（深鉢）と壺を基本とする器種の構成が成り立ち，前代に較べて壺が増え全体の30％余となる。また，これに表面をケズリによって仕上げた甕や浮線文をもつ精製の鉢，無頸壺などが伴う。主たる文様は条痕文であり，二枚貝腹縁や櫛歯状工具，棒や板状の工具，それに

半截竹管の木口を利用して水平または斜方向に条痕をつけるのを大きな特色とする。壺の頸部に波状文を施すものがあり，その後半には，胴下半に縦方向の羽状条痕をつけるものも現われる。

この水神平式土器の分布は，ある一定量出土する遺跡を拾ってみれば，伊勢湾沿岸部の広い範囲を中心に東海地方東部から信州南半，それに飛騨地方に至る地域にまでおよんでいる。その西半部は当然，遠賀川式土器の主たる分布範囲であり，両者が対峙した状態にある。また，水神平式土器の系譜を引く条痕文をもった土器は，年代的に後出し，先の分布範囲の周辺部に稀薄ではあるがおよんでいる。その西方では，畿内第II様式もしくはそれに併行する土器に共伴し，北陸地方にまでおよんでいる。東方では，中期初頭から中頃に至るまで，かなり変容してその伝統は受け継がれて，東北地方南部にまで影響をおよぼしている。

水神平式土器にはイネ籾圧痕のある土器が知られており，紅村弘氏はその遺跡立地からも生業として稲作農耕の存在を提唱しているが，いまのところこの段階の水田遺構や農具などはまだ見つかっていない。近々発見されるであろう。しかし，遠賀川式土器をそのまま発展させた尾張を中心とした地域とはかなり違って，米への依存度の少ない零細なものであったろう。

西日本一帯にいち早く定着しつつあった稲作農耕生活にともない，その全域に新しい姿の弥生土器―遠賀川式土器が普及した。この農耕文化は，さらに海流の便や，気候的好条件[15]を得て，太平洋側に先んじて，日本海沿岸部を東進・北上していった。そして，本州最北の青森県にまでいち早く達したのである。同県八戸市是川遺跡，名川町剣吉遺跡，南郷村松石橋遺跡など太平洋側への人の移動は，津軽海峡を経てなされたものと思われるし，また，仙台平野や会津盆地へは日本海側から河川を遡って伝えられたものであろう。

いっぽう，水神平式土器は，粗雑で豪放な条痕文という器面装飾を誇り，単純で清楚な遠賀川式土器とは著しく趣を異にしている。これはそれなりに意味があって，当時における両者の社会内容を反映したものであり，水神平人が遠賀川人に対してとり続けた対峙の姿勢でもあったと考えられる。東海地方西部で醸成した農耕文化は，やがて，黒潮の流れにのって一部は東進するが，主として内陸部を伝って北進した。それは，日本海側

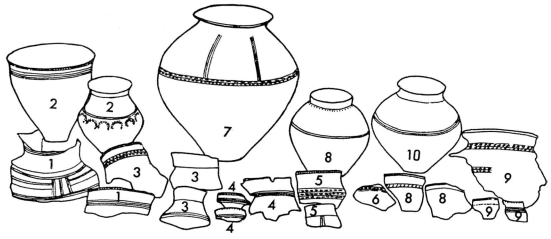

図3 口絵カラー本州各地の遠賀川式土器
1：山口県綾羅木郷，2：大阪府山賀，3：島根県西川津，4：鳥取県目久美，5：鳥取県長瀬高浜，
6：青森県剣吉，7：秋田県地蔵田，8：青森県剣吉，9：青森県是川，10：青森県松石橋

よりも遅れてのことであり，弥生時代の中期にさしかかる段階まで続いている。このときには，遠賀川式土器，水神平式土器ともに移動しており，また，それらを模倣した土器も各地で作られている。

註
1) 小林行雄「吉田土器及び遠賀川土器とその伝播」考古学，3—5，1932
2) 中山平次郎「福岡地方に分布せる二系統の弥生式土器」考古学雑誌，22—6，1932
3) 山崎純男「弥生文化成立期における土器の編年的研究」『鏡山猛先生古稀記念古文化論攷』同記念論文集刊行会，1980
4) 佐原 眞「山城における弥生式文化の成立—畿内第Ⅰ様式の細別と雲ノ宮遺跡出土土器の占める位置」史林，50—5，1967
5) 家根祥多「縄文土器から弥生土器へ」『縄文から弥生へ』帝塚山考古学研究所，1984
6) 工楽善通・沢田正昭「弥生土器の黒色化手法について」『丁・柳ヶ瀬遺跡発掘調査報告書』兵庫県教育委員会，1985
7) 松島 透「木曽発見の弥生前期土器—遠賀川系土器の東漸資料—」考古学手帖，17，1963
　　工楽善通「農耕文化の伝播」『古代の日本』7—関東地方，角川書店，1970
　　設楽博己「中部地方における弥生土器の成立過程」信濃，34—4，1982
8) 佐原 眞「縄文／弥生—東北地方における遠賀川系土器の分布の意味するもの—」『日本考古学協会昭和61年度大会 研究発表要旨』および『基調講演資料』1986
9) 芹沢長介『石器時代の日本』築地書館，1960
10) 須藤 隆「弥生文化の伝播と恵山文化の成立」『考古学論叢』Ⅰ，芹沢長介先生還暦記念論文集刊行会，寧楽社，1983
11) 清水芳裕「土器の動き」『弥生文化の研究』7—弥生集落，雄山閣，1986
12) 大参義一「条痕文系土器について」会報，6，名古屋歴史学会，1954
　　大参義一「縄文式土器から弥生式土器へ—東海西部の場合」名古屋大学文学部研究論集，1972
13) 紅村 弘「東海地方弥生文化前期の諸問題」『東海先史文化の諸段階』本文編・補足改訂版，1981
　　紅村 弘『弥生時代成立の研究』1983
14) 愛知考古学談話会編『<条痕文系土器>文化をめぐる諸問題—縄文から弥生』研究発表要旨，および資料編，愛知考古学談話会，1985
　　石川日出志「三河・尾張における弥生文化の成立—水神平式土器の成立過程について」駿台史学，52，1981
15) 小野清治「青森県の現在の気候と稲作」東北古代稲作に関するシンポジウム資料，1984
　　日野義一「東北の稲作気象について」第2回東北古代稲作シンポジウム，1986

人が動き土器も動く

京都大学埋蔵文化財研究センター
■ 清水芳裕
（しみず・よしひろ）

弥生人の移動を，遠賀川系土器の移動から検証してみると，大きく太平洋沿岸部と日本海沿岸部のふたつの動きが認められる

人の移動にともなって運ばれた土器は，狩猟採集社会の縄文時代においてもすでに存在していることが明らかになっている。文化要素の地域伝播を生み出す要因のひとつに人の移動が介在することは周知の事実である。またこの人の移動によってもたらされる地域関係の交流によってあらわれる現象は，それぞれの社会でさまざまな形をとるが，ここでは弥生文化の伝播の現象に深くかかわる人の移動を，土器の移動の面から検証するものである。とくに，東日本地域で出土例が増加しつつある遠賀川系土器[1]を中心に，まとめてみることにする。

土器には製作過程での技法や胎土の特徴に地域差が顕著にあらわれるものであり，ある地域単位を知る大きな示標となっているが，このことと深く関係して，その地域的共通性を生み出した背景に，人の動きにともなう土器の移動と，土器製作技法の伝播つまり模倣の問題が複雑にかかわっている。したがって，この点を具体的にときほぐしながら，稲作技術をともなった弥生文化の伝播を，人の移動という面から捉えようとするもので，確実な検証例はきわめて限定されるが，移動した土器と模倣された土器を判別することから，与えられたテーマの一部を復原してみる。

現在までに，太平洋岸では伊勢湾沿岸地域，日本海岸では丹後半島までその主要な分布圏をもつことが明らかになっている遠賀川式土器については，その特徴をもつ土器が，さらに東の地域で点点と発見されていたが，今日その数が増加しつつある。従来，関東地方南部や長野県南部での出土例は広く知られていたが，近年とくに注目されてきたのが，日本海沿岸部での出土例であり，それは青森県下にまで分布域が達している。佐原眞氏はこれら東北地方にまで分布する土器について，素地，器面調整，焼成後の加工などいくつかの点で，西日本日本海沿岸地域に分布する遠賀川式土器と共通点がみられることを挙げ，さらにそれらの特徴は弥生前期中段階のものであることを指摘

している。このような土器の東北地方への分布と稲作農耕の伝播とを関連づけ，日本海沿岸の東北地方での稲作期間中の気象条件は，むしろ東北地方太平洋沿岸部よりも良好であるという成果をとり入れて，青森県下へ達する稲作技術の伝播について日本海沿岸ルートを強調している[2]。これに関連する従来から議論されていた稲作技術の東方伝播の問題は，伊勢湾沿岸との関係で太平洋沿岸地域に目が向けられる傾向が強かった。このように，稲作技術を確実にともなった遠賀川式土器を保持する文化，あるいは人の東日本への動きに関しては，さまざまなルート，あるいは要因が存在したであろう。この点についてはそれ以前の時期の地域間の交流も大きく影響をしたものと考えられる。ここでは，具体的に人の移動が存在したことが明らかになった事例を，土器の移動から検証し，いくつかの東日本への伝播の道すじひとつを明らかにすることが主要な目的である。

胎土分析の方法によって土器の製作地と廃棄された遺跡との関係から，人の動きを復原する場合，これにかかわるさまざまな要素を想定しなければ事実に反する結果を導き出すことにもなる。つまり主要な土器分布圏から直接搬入されたもの，明らかに模倣されたもの，そのほかにその中間の地域で模倣されたものが搬入されているものなどがあげられる。このような点は型式学的な方法によってまず判別されるべき問題で，なお不明な場合に補助手段となるのが胎土分析による製作地の検討であることはいうまでもない。こうした方法上の前提にたって，胎土分析の方法で明らかになっている遠賀川系土器の移動の問題を，太平洋沿岸地域と東北地方の土器について整理してみることにする。

1　東海・関東地方の遠賀川系土器と東北地方の水神平式土器

伊勢湾沿岸部以東の地域で発見されている遠賀川系土器は，東海・関東地方の海岸部や島嶼部お

よび，天竜川流域を中心に点在し，長野県林里遺跡，同針塚遺跡，伊豆諸島新島田原遺跡出土の土器などがそれにあたる。そのうち，林里遺跡と田原遺跡出土の土器は搬入品であり，針塚遺跡の土器は模倣品であることが明らかになっている。田原遺跡の土器の胎土には，深成岩の特徴を示す鉱物が含まれており，一方新島を構成する流紋岩に属する岩石鉱物はなく，両者は一致しない。このことから東海地方太平洋沿岸部で製作されたものであることは確かで，さらに遠賀川式土器の分布圏の点と，愛知県西志賀貝塚出土の遠賀川式土器の胎土の組成ともよく合致する点などから，伊勢湾沿岸部でつくられた可能性が非常に高いものである[3]。また林里遺跡出土の遠賀川系土器（図1）の胎土は，多量の変成岩を含む点で，遺跡周辺地質および共伴した弥生土器の組成と異なり，さらに含有元素の面でも共伴した他の土器と異なっており，搬入土器であることが明らかになっている。またこれに類似する針塚遺跡の土器は，胎土の含有鉱物および元素組成の面のいずれからも，共伴した在地の土器と大きな差が認められず，模倣された土器である可能性が高い[4]。

　これとは別に，東海地方で遠賀川式土器と分布域を接して存在した水神平式にあたる土器が，福島県石川郡鳥内遺跡から出土している。胎土には火山性の岩石鉱物がみられる点で，遺跡周辺の地質と異なっており，搬入品であることがわかっている。その製作地については胎土の組成と，型式分布圏とから東海地方でも東部あるいは内陸部であることが想定できるものである。

2　日本海沿岸部の遠賀川系土器

　一方，近年その発見例が増加している東北地方の土器についてみることにする。丹後地方を東限とする遠賀川式土器の分布圏より東の地域では，従来から福井・石川・富山県で知られており，さらに青森，秋田県にまでこの種の土器が発見されるにおよんで，それらの土器が搬入されたものか，模倣品であるかの点つまり，こうした土器あるいは，製作技術がどういう経路で東北地方北半にまで伝播したのかが議論のひとつとなっている。このことは遠賀川式土器あるいは，その製作技術を伝えた側の地域ではすでに稲作技術を把握していたことから，新しい文化要素の伝播とも深く関連している。またそれは東北地方では砂沢式

の段階にあたるものとされており，すでに水田跡が発見されている青森県垂柳遺跡などの時期以前の稲作技術の伝播の一部を復原する手がかりとして，これらの土器が搬入品であるか模倣品かの区分をすることがとりあえず必要な作業となる。その一部として，青森県八戸市是川中居遺跡，三戸市松石橋遺跡，同剣吉荒町遺跡出土のこの種の土器について検討した。

　まず是川中居遺跡では，遠賀川式の製作技術をもつ土器と大洞A′式および砂沢式の3種の土器が出土しており，それぞれの土器について分析をおこない，製作地の検討をおこなった。その大部分は『八戸市博物館研究紀要』第2号[5]に掲載されているもので，そのほか3点の計54点である。分析は胎土に含まれる岩石鉱物の成因と種類から分類し，遺跡周辺の地質および3種の土器との比較をおこなった。これによると，54点の土器全体に，火山性のうちでも安山岩を主体として，石英安山岩，流紋岩などの岩石とともに，火山岩の性質と深成岩の性質をもつ鉱物がそれぞれ共伴するという共通点がみられる。このほかに少量の堆積岩が加わるものや，微量の変成岩が加わる土器がみられるが，それは上記3種の土器それぞれの一部にみられるものである。

　しかしながら，このうち1点（図1—1）は変成岩のうち，黒雲母を含む片岩の加わる量が非常に多い点で，上記のような共伴した大洞A′式，砂沢式，および他の遠賀川系土器全体にわたる傾向との間に，差が認められる。この種の岩石が多量に胎土中に加わる条件は，遺跡周辺の地質には求めることができない。このような点からこの土器は他の遺跡でつくられて是川中居遺跡へ運ばれたものといえる。また，松石橋遺跡および剣吉荒町遺跡出土の遠賀川系土器は1点ずつであるが，遺跡周辺の地質と胎土の組成の間に矛盾するところはなく，模倣された可能性が高いものである。

　このように搬入された土器と製作技術が模倣された土器の関係がよく捉えられたものとして，滋賀県大津市滋賀里遺跡出土の縄文晩期の土器の例がある。そこでは在地の滋賀里式土器とともに，大洞系土器と北陸系土器が伴出し，そのうち，大洞系土器は滋賀里遺跡で模倣されたものであり，一方北陸系土器はその過半数が福井県北部から石川県にいたる平野部で作られ，運ばれたものであることが確認されている[6]。このことは，

図1 遠賀川系土器・水神平式土器の移動
1：註 5)の第5図8より（1/3），2：長野県史刊行会提供の
原図による（1/7），3：註 3)の第2図より（1/3）

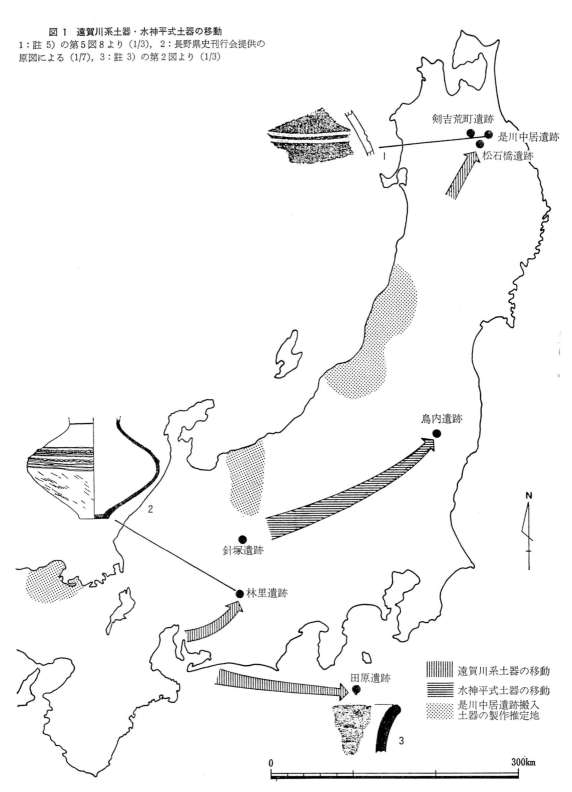

是川中居遺跡出土土器胎土分析試料は以下の 54 点であり，図，図版は註 5) による。第3図 5，11，16，20，第4図 3，4，8，17，18（2点），第5図 6，7，8，10，14，18，第6図（3点），第7図 1B，7，16，18，20，21，第8図 12，第9図 1，2，第 10 図 10，22，第 11 図 1A，1B，2（同一個体），3C，4A（2点），8A，11，15，16，17，第 12 図 1，2A，7，8，9，13，15，第 13 図 1，4，写真図版 11—5，このほか掲載なしのもの3点。このうち搬入品と判明したのは第5図8である。

模倣品である大洞系土器を生み出す基盤に北陸系土器を搬入した人の移動が直接かかわったものか，あるいはそれぞれ別の人の移動によって生じた現象であるのか，ものの伝播や土器型式圏の変化などとかかわっていく事例のひとつを示すものであろう。是川中居遺跡での結果は同一の系統の土器の中に模倣品と搬入品があり，一連の人の移動の結果生じたものであることが明らかで，この点で滋賀里遺跡での現象とは異なっている。

現在，東日本の遺跡に点在する遠賀川系土器についてその移動と模倣の検証例が少なく，その糸口が捉えられているにすぎないが，出土遺跡の分布をも考慮してこの遠賀川系土器の動きを整理してみると，大きく太平洋沿岸部と日本海沿岸部のふたつの動きが認められる。伊勢湾沿岸部から太平洋沿岸部と天竜川流域へは，新島田原遺跡や林里遺跡への搬入土器がそれを示しており，さらに神奈川県平沢同明遺跡出土の土器もこれら一連のものである可能性がある[7]。一方，福島県鳥内遺跡の水神平式にあたる土器も搬入品であり，このような弥生前期の時期の東日本への人の動きは，かなり広範囲にわたって存在したことがうかがえる。しかし現在関東地方中央部で，遠賀川系土器を出土する遺跡はきわめて希薄である。したがって，長野県南部への動きと水神平式にあたる土器が移動している事実などが，一連の大きな東の地域への移動のルートを示しているようにみることもできる。縄文時代晩期に東北地方南部から中部地方へわたって広く分布する，浮線網状文系の土器が示すような地域的なつながりと合致する面にも注意すれば，水神平式にあたる土器の移動を可能にし，さらにはこのような伝統的な地域間の交流が，遠賀川系土器の東北南部への動きにも深い関係があったと理解できる。

一方，日本海沿岸部で東北北半部にまで分布する遠賀川系土器は，製作技法などの面から一連のものと考えられている。その中で，是川中居遺跡で明らかになった1点の搬入土器について，地質条件の上から製作地としての可能性をもつ地域としては，日本海沿岸部では最上川下流域，信濃川中〜下流域，糸魚川下流域，丹後半島周辺部があげられる（図1）。その他の地域をも含めれば，群馬県北部や天竜川中〜下流域から伊勢湾沿岸部などいくつかの地域も考えられる。したがって，搬入土器について日本海沿岸部を製作地と想定した

としても，丹後地方以西から直接搬入されたとするほかに，その間の地域で遠賀川式土器を模倣したものがさらに運ばれた可能性が全くなしとはいえないわけである。現在，秋田市地蔵田B遺跡や新潟県糸魚川市大塚遺跡などのこの種の土器について胎土の分析を進めており，こうした地域の関係についても検討中である。

以上のような遠賀川系土器の東日本地域へのふたつの大きな流れは，その時期細分の上から，佐原眞氏の区分によると山形，秋田，青森県下では砂沢式の段階にあたり，長野，群馬，茨城，福島，宮城にわたる地域では水神平式，岩滑式の段階にあたるという指摘にも表われており[8]，今後その中での複雑な地域間の人の移動の問題は，土器の時期細分，あるいは土器製作技法上の各要素の地域差などの検討の上で，それらの土器が搬入品か模倣品かの識別を進めれば，文化要素の伝播の姿がより具体的に把握されるものと考えられる。

佐原眞氏，工楽善通氏から多くの御教示を賜り，日本海沿岸部地域の遠賀川系土器は両氏の御尽力によって分析させていただいたものであり，お礼申し上げる次第である。また，土器を提供していただいた諸氏，諸機関，製図をしていただいた千葉豊氏には末筆ながら感謝の意を表したい。

註
1) ここでは伊勢湾沿岸部，丹後半島以西のものをさす場合は遠賀川式土器，この地域以東のものについては搬入品，模倣品にかかわらず遠賀川系土器とよびわけておく。
2) 佐原　眞「縄文／弥生―東北地方における遠賀川系土器の分布の意味するもの―」日本考古学協会昭和61年度大会研究発表報告，pp. 4〜9，1986
3) 清水芳裕「岩石学的方法による土器の産地同定―伊豆諸島の縄文・弥生土器―」考古学と自然科学，10，pp. 45〜51，1977
4) 清水芳裕「土器の動き」弥生文化の研究，7，pp. 91〜98，1986
5) 工藤竹久・高島芳弘「是川中居遺跡出土の縄文時代晩期終末期から弥生時代の土器」八戸市博物館研究紀要，2，pp. 1〜31，1986
6) 清水芳裕「縄文式土器の岩石学分析―滋賀里遺跡出土の北陸・東北系土器について」湖西線関係遺跡調査報告書（本文編），pp. 225〜232，1973
7) 工楽善通「農耕文化の伝播」古代の日本，7―関東地方，pp. 25〜37，1970
8) 註2) に同じ

弥生土器から土師器へ

桜井市教育委員会
■ 清 水 真 一
（しみず・しんいち）

一地方における土器の変化は生活にともなう変化には器形の変
化が，政治的理由にともなう変化には器種の変化が認められる

1　はじめに

　弥生土器の終焉については，どこから土師器に
するかという問題とともに，日本考古学界におけ
る永久のテーマの一つである。田中琢氏が，庄内
式土器[1]を設定されてからでも，早や 22 年の月
日がたとうとしている。その間，庄内式土器の取
り扱いをめぐり，弥生土器とするか土師器とする
かで，数限りない論争がくりかえされてきた。岡
山大学・近藤義郎氏らの前方後円墳論[2]では，古
墳時代の幕明けは，前方後円墳が成立する段階で
あり，布留式土器の時代であると考えられてい
る。これに対し，橿原考古学研究所・石野博信
氏[3]らの，「古墳」から出土する土器は，古墳時代
の土器（土師器）と考えるべきとの論から，桜井市
纒向遺跡出土の土器編年を通して，庄内式土器は
土師器であるとの考えを提唱された。

　この両説の根本は，「古墳」発生の理解の相異
に起因しているもので，近藤説では古墳はあくま
でも，桜井市箸墓古墳を初源とする前方後円墳で
あり，石野説では，「古墳」は全国各地に発生す
る大型墳墓の出現（たとえば奈良県では桜井市石塚
古墳）をもって，それにあてはめるというもので
ある。つまり，箸墓古墳の前に，「古墳」が存在
し得るか否かの問題である。その基礎ともなるべ
き箸墓古墳は，宮内庁管理の「陵墓」であり，若
干の宮内庁側の調査報告[4]の他は，外柵からの観
察のみしかできないという現状であり，他の古式
古墳の発掘調査例と比較が困難な状況である。

　「弥生土器から土師器へ」のテーマで，庄内・
布留式土器の研究状況や実態報告が数多くある中
で，今回のレポートは，弥生時代後期の土器の器
種・器形と，土師器の器種・器形がどのように変
化していくのか，その変化の原因は何なのかを，
山陰地方の土器を取り上げて，考えてみたい。

2　山陰の弥生時代後期の土器

　山陰地方の弥生土器は，前期はヘラ描沈線を主

体とする遠賀川式土器の影響を受け，中期には櫛
描平行線や凹線文を主体とする，畿内や瀬戸内地
方の土器の影響を受けてきた。後期に入ると，各
地でみられる在地土器盛行の機運にのって，山陰
独得の形式が成立したといえる。他地域に先がけ
て，壺・甕の口縁部の複合化が進展した。また，
より機能的に，内面のヘラケズリが開始されたの
も，この段階であった。さらに，壺・甕ともに，
外面はより装飾的（と言っても縄文時代のそれには比
較にならぬほど地味ではあるが）に変化する。まさし
く，各地に地域勢力が芽ばえ，小独立国的な機運
が高まった時期であり，墳墓では山陰地方独自の
四隅突出型墳墓が完成される時期である。村落
は，大山山麓などで，水田からの比高差 10〜30
ｍの丘陵台地上に形成され，竪穴住居の平面プラ
ンが隅丸方形から多角形に変化し，住居中央に祭
祀土坑を備える時期にあたる（図2の1）。

　この時期に，普遍的にみられる器種・器形は，
次のようなものがある。

壺　　　複合口縁壺・短頸壺・長頸壺
甕　　　複合口縁甕
高坏　　高坏・複合脚部高坏
器台　　鼓形器台
蓋　　　複合口縁蓋・蓋

　壺・蓋の特徴は，複合口縁のものは，口縁部外
面が櫛描の平行線文で飾られ，頸部にも沈線がみ
られるものが多い。肩部には，櫛描原体によるノ
の字や波状文で加飾される。胴部は卵状にふくら
み，胴部最大径は口縁部径より大きくなる。底部
はしっかりした平底で，安定感がある。胎土中に
砂粒が多く，色調は赤褐色もしくは明褐色を帯び
るものが多い。

　複合口縁の壺・甕には，蓋がつけられるとみら
れる。くの字口縁の壺・甕に蓋をする場合は，孔
を紐とじせねばならないが，複合口縁の場合は，
蓋の紐とじの必要がない。壺・甕の量に比べて，
蓋形土器は圧倒的に少なく，木製蓋も多くあった
と考えられる。

高坏は，非常に数が少ない。この時期も，弥生時代中期にも，高坏の数が少ない特徴をもつ。畿内のこの時期の遺跡の，器種比率から比べると，格段の差がみられる。土製でなく，木製の高坏がこれに取ってかわるかと言えば，決してそうでもなさそうである。畿内には，唐古・鍵遺跡[5]を先頭に，各所で木製高坏が出土しているにかかわらず，山陰でのこの時期の木製高坏の出土例はほとんどない。これは，木製・土製の問題以前に，山陰での高坏が，どのような用途があったのかという問題に進展するだろう。

これとは逆に，器台は比較的多く出土している。弥生時代中期後半ごろから出現する器台は，後期になって典型的な山陰の土器器形である鼓形器台に変化する。これは，他地域の器台が，胴部を中心に装飾化されるに対して，鼓形器台は胴部よりも受部並びに脚部を中心に，加飾される特色をもつ。器台は祭祀用に用いられたとみられ，山陰の鼓形器台も，安来市鑓尾墳墓群[6]や九重墳墓群[7]などの，墳墓に供献された形態で多く発見されている。土器の器種比率がこれらのことから高いように考えられているが，一般的な竪穴住居からの出土は，せいぜい2〜3個体にとどまっている。この時期の器台は，日常にも使用されたことは否定できないが，主に土器以外のものをのせたと考えられる。実際に，鼓形器台の上に，壺や甕をのせると，実に不安定である。

この他に，小型の鉢や壺などもみられる。また，この時期にすでにコシキ形土器と筆者が仮称している[8]器種が出現しているが，日野川西部に1カ所のみである。

この時期の，山陰の竪穴住居跡からは，現在のところカマドは作られていない。炉も，住居中央部に作られることはまずない。焼土面とよばれる，床面が焼けて赤色化している場所が何カ所かあるだけで，中央の土坑ははじめにも述べたが，祭祀用土坑と考えるべき性格をもっている。

3 山陰の庄内式土器併行期の土器

次に，庄内式土器併行期の山陰をみてみよう。遺跡の立地は，弥生時代後期の遺跡がそのまま継続する例が多く，大山山麓の丘陵部を中心に，水田との比高差のある台地上に多く村落が形成される。竪穴住居の平面プランは，五・六角形の多角形が多く，中央部に特殊土坑をもつ（図2の2）。

墳墓では，四隅突出型墳墓の規模が最大になる時期で，鳥取市西桂見遺跡[9]は，一辺60mの最大規模となる。この時期の普遍的な器種・器形をみてみよう。

壺　　　複合口縁壺・長頸壺・短頸壺・くの字口縁壺
甕　　　複合口縁甕・くの字口縁甕
高坏　　高坏
低脚坏　低脚坏
器台　　鼓形器台
コシキ形土器

壺・甕については，よほど大きな器形や墳墓で用いられた土器棺以外は，急激に丸底化する。が，完全な丸底ではなく，十円玉底とも呼ぶべき小平底を残す。そして，口縁部外面の装飾を消失させてしまう。前段階まで，あれほど多かった平行線による装飾を，きれいにナデ消してしまう理由は，口縁部をより立ち上らせて高くしたい意図があったとみられる。頸部や胴部にかけての，ノの字や波状・羽状などの装飾は，そのまま継続される。内面のヘラケズリはさらに器壁をうすくし，それまでの頸部から手を入れて削っていた手法が，胴部と頸部を別々に作って，中央で接着する手法に変化してゆく。薄手の壺・甕を，より量産化する方向に動いている。この器形の変化の原因は，おそらくカマドの使用によるものではないかと考えられる。置田雅昭氏[10]は，畿内の遺構のあり方や土器の特殊叩きから，カマドの成立は庄内式〜布留式土器の時代と推定しておられるが，筆者も山陰の土器の器形変化から，同様の時期に朝鮮半島あたりから山陰にカマドがもたらされた可能性を考えてみたい。

高坏は，弥生後期土器の項でもふれたように，この時期においても，土器総量の割合では数パーセントしかない。そして，山陰的な複合脚などは，姿を消してしまう。

この時期から増加する器種として，低脚坏がある。この器種もまた山陰独得の器形で，酒坏形の小型のものが多い。布留式土器の小型三器種の中にみられる高坏形器台とは，全く別の系譜で成立したものである。低脚坏の用途としては，高坏が大皿的な役割をはたしたと考えるに対し，低脚坏は現在のお茶碗的用途があったと考えられる。佐原眞氏[11]は，弥生時代の終わり，遅くとも古墳時代には，「銘々器」（銘々が使用した器）が生まれて

いると考えておられる。山陰でこの時期にみられる低脚坏は，そのような器であったと考えられるだろう。

器台は，この時期，すべてと言っていいほど鼓形器台であり，器形が横長化して安定感を増す。まさしく，壺・甕類の丸底化に即して，器台がそれを受ける台として，名実ともに充実する時期である。鼓形器台の特徴の一つは，受部内面ヘラミガキに対し，脚部内面はケズリのままということである。また，竪穴住居内の出土土器比率でも，鼓形器台は 10～20％ を占める場合があり，高坏と大きく異なる点であろう。

コシキ形土器は，山陰の器種・器形のもっとも特異な土器の一つである。現在，畿内や四国からもこの器種の発見が報じられており，いずれも山陰系土器に伴っての出土である。現在，その用途がまだわかっていない。山陰の研究者間では，コシキとしての共通認識があった。大型・小型の二種類あり，大型のものは全長50cmを越えるものがある。とても壺や甕の中に入れて，煮炊きできるものではない。反対に立ててみて，何かの蓋的な用途を考えてみた。中国地方山間部でのコウゾやミツマタの樹皮を蒸すには，このような形の容器（木製）を上からかぶせる。しかし，若干例を除いて，内面に蒸気や熱で変化した痕跡はみられない。外面に装飾性のないこと，上下二段につく把手の用途が未解決だが，器台の一種として理解すべきではなかろうか。

総体的に，この時期の土器は，色調は淡褐色で，白っぽい色をしており，器壁が薄く，山陰の土器の歴史の中では，最もスマートな完成期をむかえた感がある。

4 山陰の布留式土器併行期の土器

最後に，布留式土器併行期の社会をのぞいてみよう。村落は，以前からの立地のままのものも多いが，海岸砂丘地に突如として大集落が出現する。長瀬高浜遺跡である。このような遺跡の例は，今後も増加するとみられる。竪穴住居の平面プランは，ほとんどが方形に変化する。中央にあった特殊土坑は，すべて壁際に寄ってしまう（図2の3）。墳墓は，畿内からはややおくれるものの，前方後円墳が出現してくる。

この時期の土器の，普遍的な器種・器形をみてみよう。

壺	複合口縁壺・長頸壺・小型丸底壺
甕	複合口縁甕・くの字甕
高坏	無肩高坏・有肩高坏
低脚坏	低脚坏
器台	鼓形器台・小型高坏形器台
鉢	複合口縁鉢・小型丸底鉢

コシキ形土器

壺については，複合口縁の口縁部が巨大化する傾向がみられる。胴部は肩の張らない丸胴で，底部は完全に丸底化する。古墳などへの供献土器や土器棺には平底のものもあるが，日常使用土器は，すべて丸底化する。甕では，口縁部内面が内折れする布留甕や，その影響下に作られたとみられる，内折れの口縁を持つ複合口縁甕も多い。完全な丸底化にともない，内面下半部は盛んに指頭圧痕技法がみられる。上下半分ずつを接着する方法が多いが，前段階に比べて器壁がやや厚くなる傾向がみられる。この時期に始めて出現した器種に，小型丸底壺がある。外面および口縁部内面を，こまかいヘラミガキで仕上げており，色調は赤褐色もしくは明褐色のものが多い。これは，用いられた胎土が，水洗いもしくは特別に選別されているとみられ，布留式土器の象徴的土器と考えられている。

高坏は，この時期に入って急激に増加する。皿部外面に肩をもたない丸皿のものと，肩をもつ従来の形式に近いものとがある。成形技法はよく似ている。この時期の器種比率は 20～30％ あり，食生活の変化か食形態の変化が考えられる。高坏の比率からの推論ではあるが，畿内における弥生後期社会では，高坏を個人所有の食器（銘々器）と考えて，大皿（大型高坏）に盛った食物を，周囲から手を出して食べるのでなく，銘々器が存在していたと推定するならば，山陰ではその習慣が庄内式土器期に広がり，布留式土器期に定着したと考えることができるだろう。

低脚坏は，蓋とまちがうような浅皿部に小脚のつくものが盛行し，事実豊岡市では，土器棺の蓋に使用されている例もある。しかし，蓋の場合は外面のみ研磨するに対し，坏は内面もていねいに研磨するため，蓋は転用例である。

器台は，鼓形器台が残るが，形式化し小型化していく。この時期になると，平底の複合口縁の鉢形土器が出現し，不安定な煮炊き用具の中味を，安定性のある容器に移しかえた可能性があり，お

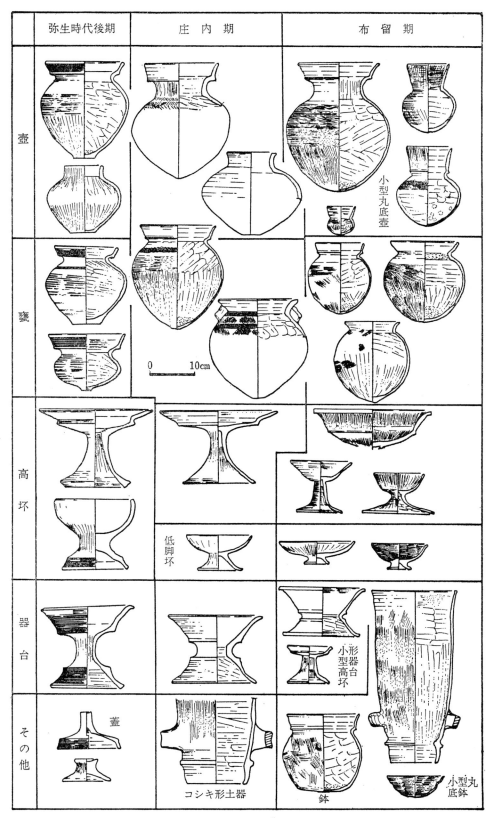

図 1　山陰における弥生後期土器から土師器への変遷

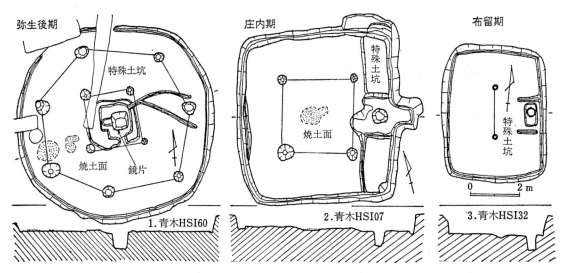

図 2 山陰の竪穴住居内の焼土面と特殊土坑[12]

のずと器台の必要性が少なくなっていたことを示す。これに変わって，小型の高坏形器台が盛行するようになる。これは小型なために，壺・甕をのせることは不可能だが，食事の際の食物をのせるには手ごろの大きさである。

この他に鉢形土器がある。複合口縁鉢は，底部平底で，胴径が口径より大きい。小型丸底鉢は，口縁部がS字状のカーブを持ち，内外面をていねいにヘラミガキしている。小型丸底壺と同様，赤っぽい色調をしており，胎土が選別されていることがわかる。ともに，祭祀用具とみられ，各竪穴住居単位での祭祀がとり行なわれたと考えられる。同じ祭具を使う祭りは，同じ性格の祭りと考えられ，この時期にほぼ全国的に，竪穴住居単位の祭りが行なわれたことは，その背景に政治的な大きな動きが存在することを認めねばならないだろう。

5 まとめ

弥生時代後期・庄内式土器期・布留式土器期の山陰の土器を並べると，図1のようになる。弥生時代後期の社会にカマドが持たらされることにより，壺・甕の器形が丸底化し，穀物を蒸す方法が可能になったのではなかろうか。食物を蒸すことにより，食生活が変化し，また食料増産などにともなって，個人の銘々食器が成立していったとみられる。その後，畿内中央部でとり行なわれていたとみられる，小型赤色土器を用いた祭祀が，政治的背景にのって，全国や山陰に広がっていった

ものだろう。一地方における土器の変化は，生活にともなう変化には器形の変化が，政治的理由にともなう変化には器種の変化がみられる。

註
1) 田中　琢「布留式以前」考古学研究，20-4，1965
2) 近藤義郎「古墳以前の墳丘墓―楯築遺跡をめぐって」岡山大学法文学部学術紀要，37，1977
3) 石野博信「奈良県纒向石塚古墳と纒向式土器の評価」考古学雑誌，64-4，1979
4) 笠野　毅ほか「大市墓の出土品」書陵部紀要，27，1975
5) 末永雅雄・小林行雄・藤岡謙二郎「大和唐古弥生式遺跡の研究」京都帝国大学文学部考古学研究報告，16，1942
6) 山本　清「山陰の土師器」山陰文化研究紀要，6，1965
7) 東森市良「九重式土器について」考古学雑誌，57-1，1971
8) 清水真一ほか「コシキ形土器について」長瀬高浜だより，20，1980
9) 平川　誠ほか『西桂見遺跡』鳥取市教育委員会，1981
10) 置田雅昭「弥生土器から土師器へ」考古学ジャーナル，252，1985
11) 佐原　眞「過去と現在を結ぶ考古学」東アジアの古代文化，49，1986
12) 青木遺跡発掘調査団『青木遺跡発掘調査報告書』Ⅲ，1978

世界の中の弥生土器

■ 佐原 眞
奈良国立文化財研究所

「さて此の弥生式土器の分布は，殆ど日本全国に亘つてゐるけれども，今日までの所見では，本州中部に於て最も大なる発達をなしてゐるらしく，かの尾張熱田貝塚の出土品や，最近近江滋賀村の大津宮址で発見せられたものゝ如きは，かの希臘クリート土器中，クノソスの遺品が特に精大で「パレース式」と呼ばるゝ如く，弥生式土器中の「パレース」式と称し度い位の優品である。即ち其の壮麗なる形態，豊富なる紋様の点などに於いて。」（浜田耕作「日本の古代土器」『史前学雑誌』第1巻第4号，1929年）

1 弥生土器とヨーロッパの土器

弥生土器は，古く，「マレー種族の穴居人民」が作ったものとも解されて「馬来式土器」とよばれたこともある。しかし，概していえば，縄紋土器の複雑な形・紋様にくらべて単純・端正であることが重視されて，純日本ふうの土器と理解されることが多かった。したがって，縄紋土器が，モールス先生の大森貝塚報告書以来，しばしば世界各地の土器と比較されてきたのに対して，弥生土器は，中国・朝鮮半島からの土器の流れという観点を除外すれば，よその土器とくらべられたことはあまりない。浜田耕作先生が，東海の弥生土器（あるいは古い土師器）にクノソスの土器を想起したのは，珍しい比較例だったといえよう。東海のパレススタイルは，ヨーロッパの人の目からみても，南欧の土器に近い印象をもっているらしい。12年前にドイツへ行った時，あちこちでスライドを使って日本考古学を概説したところ，このパレススタイルをみて「アリバロスだ！」と叫んだ研究者もあった。ギリシアの壺の一種の名前である。

ソ連の研究者は，アムール川中流域のポリツェ文化と日本弥生文化との係わりを考えている由。なるほどその土器は，弥生土器によく似ている。しかし，加藤晋平さんがくわしくその文化の内容を紹介している[1]ところを読むと，キビを栽培しブタを飼ったポリツェ文化とわが弥生文化とは，加藤さんも指摘する通り，直接の係わりはなく，土器の類似は，他人の空似とみるべきである。

2 採集民と農民の土器

数年前，「世界のなかの縄文土器」[2]と題する一文を書く機会に，世界の先史土器，現在の民族例を通観したことがある。

先史土器を食料採集民（以下，採集民と略称）の土器と農民の土器とに分けてあつかうと，前者はなぜか北半球の北緯30度以北から寒い方，すなわち，冷温帯・亜寒帯，いまの植生でいえば主として落葉広葉樹と針葉樹の地帯の発見例が多い。それより南の方をみると，アフリカの実例は破片が多く，全体の形が分らず，器種構成もよく分らない。南アメリカには，C.エヴァンズ・B.J.メガーズ夫妻が日本縄紋土器に起源をもつと夢見たヴァルディヴィア文化の土器[3]がある程度。インド・東南アジアには，採集民の土器は知られていないのだ。

「北寄りの採集民」の土器は，デンマークのエルテベレ文化土器，スカンジナビア・東欧の櫛目紋土器，ウラル・シベリア・沿海州の櫛目紋土器その他，中国江西省万年県仙人洞下層土器，朝鮮半島の櫛目紋土器，日本の縄紋土器・続縄紋土器，そして北米東北部のウッドランド文化の土器等々，ほとんどが煮炊き用として出発し，しかも器高が口径を上回る「深鉢」，一般読者用にいえば「深鍋」を共有する。深鍋は，底からだけでなく横からも火熱を受けるにふさわしく，長い炎との係わりが深い。シチューや煮込み料理を作るのに向いている。熱い地方の採集民が土器の深鍋をあまりもたなかったのは，火の使い方の差とも関連するのか。

3 世界の農民の土器

先史時代の世界の農民の土器は，多くの器種と彩紋で飾ることが多いことを特徴としている。器種に富むのは，水の運搬・貯水，穀物・食糧の貯え，調理，盛りつけ等々，用途による使いわけによってである。高杯・器台など祭壇に飾る土器の存在も特徴的である。そして，粘土・砂などをこねあげて作る素地を器種の違いによって使い分けることは，西アジアではジェリコ，東アジアでは仰韶文化の土器に始まっている。

農民の土器がいかに生まれたかをみると，イラン　ガンジダレの大型土器は，丈高で口すぼまり，貯蔵用と理解されている。シリア　ムレイベトの土器は，多孔性に富み，焼き悪く，耐水性弱いという。しかし，逆に，多孔性が大きく水がしみ出ることを利用して気化熱を奪いとって冷水を貯えるために土器が出現した，とみる解釈もある。これらは，註2）の文献にゆずる。いずれにせよ，西アジアにおいては，煮炊きのために土器が生まれたのではないらしい。トルコ　チャタルヒュクには煮炊き用土器もある。しかし，一般に煮炊き用土器はふるわず，「おそくもウルク期までには，Cooking Pot とよぶべきものが登場する」[4]という記述さえあるのだから，西アジアでは土器出現後，何千年間も煮炊きという調理法があまり発達しなかったことになる。

ヨーロッパでは，煮炊き・貯蔵・盛りつけ用として，ミルク調理用として農民の土器が登場した，といわれている。このほか，パンの焼板といわれる器種もある。面白いのは，土器出現の意義の説明であって，日本の考古学研究者が，木の実や植物繊維が煮炊きによって軟くなり食べやすくなった，とあくまでも植物食を念頭において説くのに対して，筋肉が軟く食べやすくなった，とか，鍋で肉を煮ると，上に脂肪が層状にたまって内容を永もちさせるようになった，などと説明している[5]事実であって，植物食体系の研究者と肉食愛好の研究者とのあい

だに解釈の相違をみる。

中国では浙江省河姆渡文化や河北省磁山文化の土器は、立派に器種が分化し、煮炊き用土器も重要な位置をしめている。おもしろいのは、なお蒸器が存在しない事実であって、はじめ、米・粟も煮炊きしていた公算が大きい。

4　農民の煮炊き用土器

先史農民およびその民族例の土器の煮炊き用土器を通観すると、球形・半球形、あるいは、さらに浅いものを用いていることが多い。今流にいえば、普通の鍋、あるいは浅鍋である。これは、鍋料理や、短時間で煮たりいためたりするのに適しており、炎との係わりでいえば、短い火を底から受けるのに適している。

農民でありながら深鍋を用いる実例は、中国遼寧省新楽文化の土器、朝鮮半島の無紋土器、日本の弥生土器、アメリカのイロコイ族の土器等々であって、これは、おそらく、採集民の煮炊き用土器の伝統を受けついだものである。

森浩一さんは、弥生土器の研究でいう「甕」が縄紋土器の「深鉢」の延長上にあることを比較的最近気がついたらしい。それはそれでよい。しかし、学界全体がいままでそれに気付かなかったかのようにこう書いている。「実は、縄文期に深鉢と呼ばれるものが、どうも、そのまま弥生期の甕になったのではないかというのが、その問題です。従来、考古学では縄文土器の研究者は縄文だけ、弥生の専門家は弥生だけといった分化があってわからなかったのですが、形といい、大きさといい、したがって容量といい、おそらく用途といい、これは連綿と続いてきたものに、ほぼ間違いないのです。」[6]

この説明をきいた聴衆は、さぞや考古学研究者の視野のせまさにあきれる一方、森先生の見方の広さに感じいったことだろう。しかし、縄紋土器の深鉢が弥生の甕につらなることは、山内清男先生はじめ、土器研究者にとっては、昔からの常識であった。もちろん、私自身もかつてそれを文字にしてある[7]。むしろ最近になって、家根祥多さんが、土器作りの技法（粘土帯の重ね方）で、縄紋土器と弥生土器とが直結せず、朝鮮半島の土器作りの技術が入った可能性を指摘したことによって、縄紋土器深鉢から弥生土器甕への発展の図式が、はじめておびやかされているのである。

5　遠賀川系土器の分布

弥生時代I期（前期）の土器、すなわち、「遠賀川式土器」は、福岡から名古屋に至る600kmの範囲に広く伝えられた。以東以北への稲作文化の伝播は、それよりもおくれる、という常識は、いま、くずれつつある。日本海沿岸の秋田・山形、日本海・太平洋両岸の青森には、数多くの技術的特徴を遠賀川式土器と共有する「遠賀川系土器」が存在し、しかも、それは、I期（前期）の畿内弥生土器を古・中・新の3段階に大別した場合の中段階の特徴をそなえている。言葉をかえるならば、実際の年代にはへだたりはあろうが、名古屋最古の遠賀川式土器と青森最古の遠賀川系土器とは、「同時期」とみてよい。

佐藤敏也さんは、古代出土米を研究して、弥生米がすべて日本型に属し、これには、細型（IB1a）と太型（IAIb）が区別できることを明らかにしている。そして、概して西日本には細型が多く、東日本には太型が多いという傾向をみとめてきている。ところが、金沢市戸水B、山形県生石2遺跡、青森県垂柳、同高樋など、日本海沿岸には細型の存在が注目される由、東日本のうち、遠賀川系土器のひろまった日本海沿岸は、西日本と同様、細型が伝わり、おくれて東日本の太平洋岸で太型が優勢になった可能性もある、という。佐藤さんの教示に感謝する。

いま、西日本の遠賀川式土器、東北地方の遠賀川系土器の分布範囲は1,200km以上におよんでいる。広い範囲がひとつの土器を使う、という点で想い出されるのは、中部ヨーロッパの帯紋土器Bandkeramik（バンドケラーミク）。ドナウ下流域からセーヌ川流域まで優に2,000kmにたっする範囲の黄土地帯にひろがっており、同じ形・技法・装飾の線帯紋土器（リーニエン　バンドケラーミク、英語でリニア　ウエア）を用い、コムギを作り、ウシ・ブタ・ヒツジ・ヤギを飼い、長い家（ロングハウス）に住み、柱状片刃石斧（靴型状石斧）（シューラストシュタインカイル）を使う点まで一致しており、人びとが男女揃って移民して食料生産の生活を始めた結果、とみなされている。

これにくらべると、西日本の遠賀川式土器の分布圏には、やはり人の移動を考えてよい、とおもう。東日本の遠賀川系土器のもつ石器は、西日本の遠賀川式土器と組み合うものとは様相が異なり、大規模な人の動きを考えることは出来ない。しかし、若干の人びとがみちのくにまでいたったことは、もはや疑えない、と私はおもう。

註

1) 加藤晋平「日本とシベリアの文化」『日本人の起源─周辺民族との関係をめぐって─』小学館、p.73〜84, 1986.

2) 佐原　眞「世界の中の縄文土器」『縄文土器大成』5─続縄紋、p.154〜161, 1982.

3) 佐原　眞「エクアドルには渡らなかった縄紋土器」東アジアの古代文化、50, p.136〜138, 1987.

4) Matson F. R. Ceramic Ecology : An Approach to the Study of the Early Cultures of the Near East, *Ceramics and Man*, London. p.209, 1966.

5) Wilson C. A. *Food and Drink in Britain, from the Stone Age to Recent times*, Penguin Books. p.61, 1976.

6) 森　浩一氏の発言　江上波夫・梅原　猛・上山春平・中根千枝編『日本文化の明暗』小学館、p.240〜241, 1984.

7) 佐原　眞『縄文土器』II、日本の原始美術2、講談社、p.73, 1979.

甕棺は語る

■ 柳田康雄
福岡県教育委員会

1 甕棺とは

弥生時代の北部九州の墳墓には，支石墓・土壙墓（木棺墓を含む）・箱式石棺墓・甕棺墓などの種類がある。この中で，とくに北部九州で発達した大型甕を棺として利用する甕棺墓は，縄文時代後・晩期の壺棺・甕棺葬の風習に起源を求めることもできる。また，甕棺墓は，弥生時代初期（草創期）の夜臼式に朝鮮半島から伝来した支石墓の下部埋葬施設としても利用された。

なお，甕棺墓は，棺自体が土器であることから，日常使用される土器と同様に編年されてきた。その第1の先駆者は森貞次郎氏で，1966年の年代的位置づけ[1]に続いて，1968年の研究[2]は，今日の甕棺編年の根幹を体系づけた。

その甕棺編年とは，前期後半（伯玄式），前期末（金海式），中期初頭（城ノ越式），中期前半（汲田式），中期中頃（須玖式），中期後半（立岩式），後期初頭（桜馬場式），後期中頃（三津式），後期末（曰佐原式）で，これに年代をあてはめると，前期末が B.C 170 年代，中期中頃が B.C 50 年代となる。

2 日常土器と甕棺

北部九州では，とくに弥生前期に小型壺を墳墓に副葬することが多い。また，初期の甕（壺）棺は，集落遺跡で一般的に出土する大型土器を利用していることから，甕棺と日常小型土器との併行関係は容易に編年できる。しかし，本来小型壺の副葬の風習は，土壙墓や木棺墓に行なわれたものであるためか，大型甕棺が普及する中期初頭（いわゆる「金海式」）以後には希少となる。一方，中期中頃から祭祀用の丹塗磨研土器が普及し，甕棺墓群に供献されるが，個々の棺に伴うことは少ない。

このような状況の中で，日常小型土器と甕棺用大型土器との併行的編年は，森貞次郎氏に続いて 1971 年に岡崎敬氏の研究がある[3]。岡崎氏は，基本的に森氏の甕棺編年を踏襲され，日常土器と甕棺を板付II式（伯玄式），板付III式（金海式），城ノ越式（一），須玖I式（汲田式），須玖II式（須玖式），須玖III式（立岩式），原ノ辻上層式（桜馬場式），弥永原式（一），狐塚I式（三津式），狐塚II式（神在式）というように体系づけられた。

つづいて，1979 年の橋口達也氏の研究[4]は，具体的に日常土器と大型土器の併行関係を図示された点，説得性のあるものであった。しかし，これまでの研究は，日常土器と大型土器の形態が酷似する中期において的確性があるものの，1983 年に筆者が指摘[5]したように，橋口氏以前の研究について標識とされた甕棺自体が未報告や幻的存在であるものが半数を占めていた。橋口氏にいたっ

ても，前期末～中期初頭や中期末～後期初頭などにおいて，実際に共伴しない異型式が図示された。この時期は，前者にあっては朝鮮半島系の青銅器の流入，後者にあっては中国の前漢鏡から後漢鏡に変遷する年代を決定できる重要性を持っている。

筆者は，前期末とされてきた「金海式」を中期初頭とするものである。それは，前期後半とされる伯玄式自体に前期末の小壺が副葬されている事実と中期初頭とされる城ノ越式の大型棺が希少であり，この時期に青銅器の副葬が中断されることになる現実に依拠する。何よりも，「金海式」に中期初頭の城ノ越式小壺が伴うことは，1984 年に調査され，多量の青銅器などを副葬した福岡市吉武高木遺跡で追認された[6]。

3 甕棺の年代

北部九州の弥生時代墳墓の研究は，副葬品の性格解明に加えて，墓地構成の時期的変遷を解明することによって，弥生時代社会の発展過程を復原することができる利点を具備している。しかし，この企画は土器がテーマであるところから，墓地構成にいたるまで言及できないのが残念である。

甕棺の編年は，中期から後期中頃に副葬される朝鮮系・中国系の製作年代の明らかな青銅器などによって，絶対年代に近い年代を与えることができる。したがって，前項のように日常土器との併行関係が的確でない場合は，日本における各種青銅器を主体とした舶載品の流入時期に齟齬をきたす。

甕棺墓に副葬品が伴う初源は，棺自体が大型化する前期末（伯玄式）からである。これは，甕棺墓に成人が埋葬される初源でもあり，第1の画期とすることができる。それは，小型壺や柳葉形磨製石鏃であることから，墓地構成を語らずして，そこに被葬者の社会的階級性を具現できない。

第2の画期の中期初頭の「金海式」甕棺墓になると朝鮮系青銅器を副葬する。この時期から同時に複数の青銅器を伴うことがあり，墓地構成を考慮すると，持たざる者・単数副葬・複数副葬の三階級の社会的地位が表出されている。これを如実に現わしているのが福岡市吉武高木遺跡で，ここでは青銅器などを多数副葬した1つの特定集団墓の中の1基に，いわゆる「三種の神器」を副葬した「王墓」に準ずる個人墓が含まれている。

この「金海式」の中期初頭という時期は，朝鮮半島の青銅器文化の第4期にあたり，紀元前3世紀末から前2世紀末の年代が与えられる[7]。

第3の画期は，中国系の舶載品が伴う中期後半である。この時期は，甕棺葬が最盛期に達し，特定個人墓が出現する。中期後半の代表的甕棺墓は，31m×24m 以上の墓域または墳丘規模を持つ三雲南小路遺跡で，2基の甕棺が主体部となっている。1号棺には，副葬品として前漢鏡 35 面・青銅武器 4 本・金銅四葉座飾金具 8 個以上・ガラス璧 8 個・ガラス勾玉 3 個・ガラス管玉 100 個以上・朱入り小壺が，2号棺に前漢鏡 22 面以上・ヒ

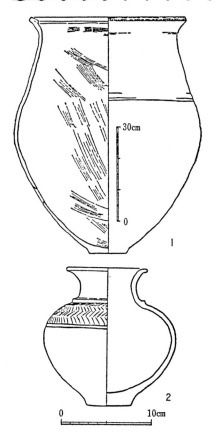
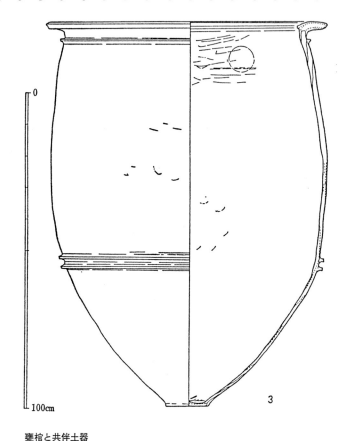

甕棺と共伴土器
1：伯玄社 82 号棺（伯玄式），2：伯玄社 82 号棺副葬土器，3：三雲南小路 2 号棺

スイ勾玉 1 個・ガラス勾玉 12 個・ガラス垂飾（璧片利用）1 個が出土した。この甕棺墓は，名実ともに弥生時代最高の墳墓で，イト国の「王墓」として相応しい。これと対峙する規模と内容を持っているのは，ナ国の「王墓」とされる須玖岡本遺跡で，2 つの地域の隆盛が伺える。中期後半という時期は，副葬品の中国舶載の前漢鏡から紀元前後頃の年代が与えられる。

イト国では，井原鑓溝遺跡（後漢鏡 21 面・巴形銅器 3 個・鉄刀剣など副葬の甕棺）が示すように後期中頃まで「王墓」が継続し，「世々王あり」を裏づけているが，糸島・福岡平野以外で特定個人墓が出現することはなかった。それは，嘉穂地域の立岩堀田 10 号甕棺のように，前漢鏡 6 面・銅矛・鉄剣などを副葬しながら，特定集団墓の一員としてしか埋葬されなかったことを見れば明らかであろう。

4 甕棺の終焉

甕棺墓は，後期初頭まで継続して営まれるが，後期前半になると急激に衰退する。しかし，後期中頃まで継続する「王墓」が甕棺墓であるところから，この時期まで主流は甕棺であることになる。この時期は，井原鑓溝遺跡に例を取ると 1 世紀末頃となる。

最後に，土器としての甕棺について多くを語れなかったが，弥生時代の土器として唯一，年代が推定できるのは甕棺であることを知っていただければ幸いである。

註
1) 森貞次郎「II 弥生文化の発展と地域性 1. 九州」『日本の考古学』III，1966，河出書房新社
2) 森貞次郎「弥生時代における細形銅剣の流入について」金関丈夫古稀記念委員会編『日本民族と南方文化』1968
3) 岡崎 敬「日本考古学の方法―古代史の基礎的条件」『古代の日本』9，1971
4) 橋口達也「甕棺の編年的研究」『九州縦貫自動車道関係埋蔵文化財調査報告』31，1979，福岡県教育委員会
5) 柳田康雄「伊都国の考古学―対外交渉のはじまり」『大宰府古文化論叢』上，1983，吉川弘文館
6) 福岡市教育委員会「吉武高木」『福岡市埋蔵文化財調査報告書』143，1986
7) 後藤 直「青銅器文化の系譜」『稲と青銅と鉄』1985，日本書籍

特集●弥生土器は語る

弥生土器の形と用途

農耕民の土器として新たな姿で出発し，生活に応じて形作られたその機能差は弥生の真髄である。木の容器類も重要なる一員だ

器形の消長と生活の変化／弥生土器と木製容器

器形の消長と生活の変化
――竜見町式・樽式土器を中心に――

群馬県立歴史博物館
■ 外山和夫
（とやま・かずお）

群馬地方では竜見町式土器に至って典型的な土器の組合せを完成させ，比較的規制が強かったが，樽式土器では規制が崩れてきた

　弥生土器の用途について，壺が貯蔵形態，甕が煮沸形態，そして高杯が供献形態と言われてすでに久しい。

　土器の用途を探る手がかりの最も基本は言うまでもなく「形」であろうが，そのほかにも幾つかの要素が挙げられる。すなわち，土器の容量，文様・装飾・彩色・胎土・整形などを含む製作技法，そして使用の痕跡，および遺跡・遺構の中でのあり方などである。

　本稿では，群馬県域における弥生土器――とくに竜見町式・樽式土器を例にとって，用途を考え，その消長を見るとともに，弥生時代の生活や社会の変化を追ってみたいと思う。

1　群馬県における土器編年

　本論に入る前提として，まず群馬県域における土器型式の編年について簡単に述べておきたい。

　最近まで，この地域における最古の弥生土器は，中期初頭に位置づけられる岩櫃山（いわびつやま）式土器とされてきた。岩櫃山式土器は，ほとんどがいわゆる再葬墓の遺跡から発見さ

れており，その基本的な組合せは，高さ40～50cmにも達する大型の壺と甕・深鉢によって構成される。壺は，東海地方の水神平（すいじんぴら）式土器が少量存在するが，ほとんどは水神平式の影響下にこの地方で作られたもの，および縄文土器の伝統を引き継ぐものである。甕および深鉢は，縄文土器の伝統を色濃く受け継いだものである。そして，これ

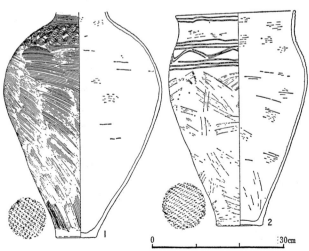

図1　岩櫃山式土器の主要な器形（上人見遺跡）
1：壺，2：甕

らにやはり縄文土器の伝統下にある小型の深鉢・浅鉢・皿・高杯・壺などが少量伴っており，岩櫃山式土器を提唱した杉原荘介は，大型の壺・甕・深鉢を再葬の骨蔵器，そして小型の土器を副葬品と考えた。

最近になって，従来岩櫃山式土器とされてきた資料の一部，および新たに発掘された再葬墓遺跡の幾つかが，弥生前期に相当する時期のものと見なされるようになってきた。上久保遺跡・南大塚遺跡・沖Ⅱ遺跡・押手遺跡などがそれである。押手遺跡では遠賀川式土器の壺が伴い，この地方への弥生的文物の波及が，弥生時代前期に相当する時期まで遡ることは明らかである。この時期の土器にはまだ型式名が提唱されていない。遺跡によってかなり土器の様相を異にしており，今後さらに検討と，資料の増加を待つことになろうが，基本的な組合せは岩櫃山式期と同様である。

岩櫃山式期に続く時期は，須和田式期である。岩櫃山式期までの遺跡の多くが山岳部に見られるのに反し，須和田式の遺跡は平野部またはそれに接する地域を中心に見られるが，遺跡の数は多くない。群馬県域におけるこの期の遺跡は調査されたものが少なく，一応ほとんどが再葬墓の遺跡と考えられているが，必ずしもその性格は明らかでない。隣接する埼玉県池上遺跡においては，すでに環濠集落や方形周溝墓・大陸系磨製石器群・青銅器などが見られ，安定した農耕生活が営まれていると考えられるので，群馬県域においても，同様な遺跡が今後発見される可能性は充分考えられる。この時期においても，土器の系統が岩櫃山式に直接つながるかどうかはともかくとして，大型の壺と甕が基本的な組合せになっている。

続く中期後半は竜見町式土器である。長野県地方における同時期の土器と強い類縁関係にあって，縄文施文などを除くと，縄文時代的な色彩はほとんど払拭される。頸部に縄文を地文として，ヘラ描の平行線やその間を埋める連続山形文などが巡ったりして，胴下部に最大径のあるいちじく形の壺と，頸部に横走する櫛描文，胴部に縦位の羽状や斜格子の櫛描文が施される壺などから成り，最近は時期的な細分もされてきている。高崎市を中心とする平野部に著しく遺跡の数が増加した時期である。

後期は樽式土器である。櫛描の簾状文・波状文が盛行する。やはり長野県地方における同時期の

型式と類縁関係にあって，右廻り，描き継ぎの櫛描施文は「中部高地型櫛描文」と命名されている。最近の研究で，時期的に細分されてきており，最後の段階では，古式土師が加わって古墳時代に移行する。樽式土器の時期は利根川とその支流の山間の平地にまで遺跡が進出し，遺跡数がさらに増大する。一方，赤城山南麓など県東部では縄文施文を特徴とする赤井戸式土器が使われた。

2 竜見町式土器の出現

土器の組合せや使われ方を見ると，中期後半の竜見町式土器の出現を期に，その様相が一変している。

竜見町式以前の型式においては，縄文土器の伝統を執拗に受け継いでおり，遺跡もいわゆる再葬墓がほとんどで，生活実態が解明できない実状がある。岩櫃山式土器の主要な構成要素である大型土器においては，甕・深鉢のみならず，壺にも煤が付着していたり，二次焼成による変化が見られるものがある。日常生活の中で火にかけられたものか，再葬の墓に使用される際に火にかけられたものか，どちらにしても壺であるだけに，その使われ方には興味深いものがある。今後の研究が待たれる。

竜見町式土器の時期に至って，土器の様相はがらりと変化する。高さ 50 cm にも達するような大型の土器はほとんど姿を消すとともに，西日本の前期遠賀川式土器以来の典型的な弥生土器の組合せを持つようになる。遺跡の平地への進出が極立っていることなどと併せて考えると，この時期に至って，初めて農耕生活が定着したと言い得る。すなわち，この時期は，ただ単に土器の様相が変化したのみでなく，文化内容も大きく変化した時期である。

後期の樽式土器の時期は，山間の小平地にまで遺跡が進出した発展期であるが，以下，竜見町式期から樽式期にかけての，土器の形や組合せの変化を見ながら，土器の用途を考えてみたい。

3 清里・庚申塚遺跡の土器様相

杉原荘介が竜見町遺跡および高崎競馬場遺跡の土器を報告し，樽式土器の提唱をした 1939（昭和14）年には，まだ資料の量が乏しく，器種も多くは確認されていなかったが，ようやく最近になって資料が増えてきた。竜見町式では，その初期の

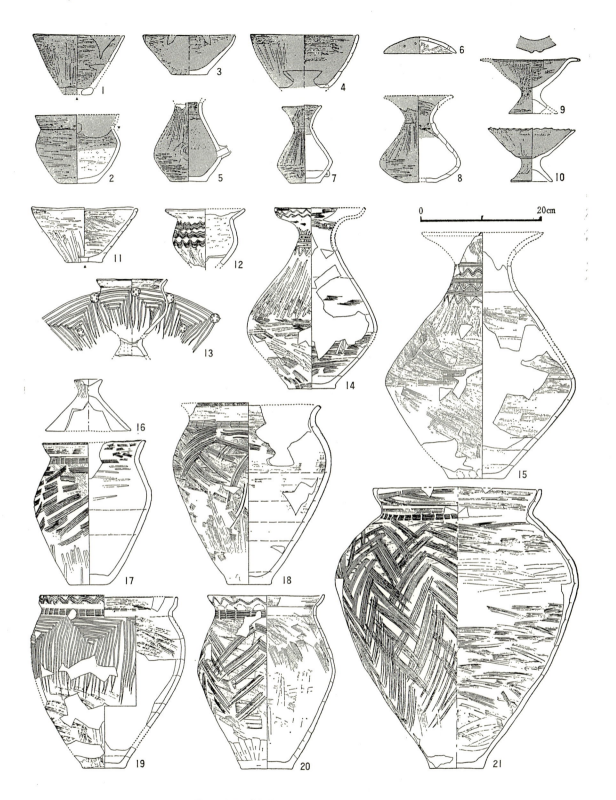

図 2 竜見町式終末期の土器の組合せ（清里・庚申塚遺跡）
1：甑，2：小型甕，3・4：鉢，5：注口，6：壺の蓋，7・8：小型壺，9・10：高杯（1〜10 は赤色塗彩無文土器），11：甑，12・13：小型台付甕，14：受け口壺，15：反り口壺，16：甕の蓋，17・18：反り口甕，19・20：受け口甕，21：受け口大型甕

小塚遺跡，終末期の清里・庚申塚遺跡などの環濠集落が発掘され，とくに清里・庚申塚遺跡の報告書は，出土した土器のほとんどを網羅しており，良好な土器の組合せを提供している。樽式土器では水沼遺跡・笹遺跡・引間遺跡などの資料が知られるが，量的にまだ充分とは言い難い。

今回は，清里・庚申塚遺跡の資料を中心に，他の資料を参考にしながら考察を進めた。

甕 頸部が軽くくびれる土器で，壺とともに最も多量に使われている。煤の付着や二次火熱による変化，あるいは住居内でのあり方などから煮焚きの道具であることは確実であるが，形態・大きさ・装飾などから用途の異なると考えられるものも若干存在する。

甕の大半が，最大径1に対し，高さが1以上になるものである。これを形態で分ければ，口縁部が受け口になるものと，反り口になるものの別，および最大径が口縁部にあるものと，胴部にあるものの別に分けることができる。受け口のものにも，反り口のものにも，最大径は口縁部，胴部の両方が見られる。受け口と反り口の双方の流れは，竜見町式初期から，樽式初期まで続き，とくに樽式の初期には受け口のものが多くなるが，その後はほぼ反り口のものに統一されてしまうようである。受け口のものは口縁部の立上りの部分に施文が見られるものが多いことなど，文様構成に若干の違いがあるものの，受け口のものと反り口のものとは，大きさも同じようなもので，とくに用途が異なるようには観察されない。受け口と反り口の別がいかなる理由があって出現したのか，その初出期における形態・大きさ・文様・使われ方の違いなどを見極める必要があろう。煮焚きの対象になるものが異なったりしていれば面白いと思うのだが……。

大きさは，受け口・反り口のものとも，ほとんどが高さ 30〜15 cm ほどに集中する。口縁部径・最大径・高さの数値と，その相関関係の分布にも，とくに扁りは見られない。容積・大きさで分類基準を設けることは困難なようである。むしろ家族構成員の多少なども考慮に入れて，一住居内での相対的な大小で分けるべきかも知れない。まれに高さ 10 cm ほどの小型のものが存在する。蓋も使われているが量は少ない。

さて，これまで述べてきたものと異なるものが2種類ほど存在する。

その一つは大型甕で，竜見町式にまれに見られる。高さ・最大径が 40〜50 cm にも達し，普通のものの数倍もの容積を有する。特別な場合の煮焚きに使用したのか，あるいはまったく別の目的をもって作られたのかどちらかであろう。樽式土器には，このような大型の甕はほとんど見られないが，大型の壺が出現してくる。

もう一つの形態は，最大径に対して，高さが1以下で，無文で，外面あるいは両面に赤色塗彩の施された径 10〜15 cm ほどの 小型の甕 である。量は少ない。甕の一般的な用途のものとは別の，祭祀用の儀器の匂いを感じさせる。頸部に紐孔とは考えられない小孔が幾つか穿たれているものがある。後述する小型壺の蓋と考えたものと組んで，醸造用具あるいはその儀器の可能性も考えられよう。

壺 口が大きく開き，頸部のくびれと胴部の張りの強い土器で，最大径は一般に胴部にある。最大径より高さの方が大きな，背の高いものが普通である。甕とともに多量に使用されている。高さ 40〜25 cm ほどの普通の大きさのものと，20〜15 cmほどの小型で赤色塗彩のものとがある。

普通の大きさのものには，竜見町式土器では，甕と同様に，口縁部が受け口のものと反り口のものがある。大きさもあまり変らないようである。形態も，口縁部の状態を除けばほとんど違いは見られない。文様は，受け口のものには口縁部に施文が見られるものが多いが，ほかはあまり変らない。量的にもほとんど同じ位かと思われる。そのような状況にあるので，受け口と反り口が何故に生じたのかは現段階では明らかでない。ただし，竜見町式土器ではまだ確認されていないが，類縁関係にある長野県地方の栗林I式土器には，大型の受け口壺の口縁部に片口が付いているものがあり，出現期の用途を示唆しているようにも考えられる。もともと受け口の壺に片口が付いていたとすると，収納するものが異なっていた可能性も考えられよう。赤色塗彩の例も少量見られる。甕とともに大量に使用されており，遺跡での出土状態は，栽培植物の種子などの長期保存のための容器というよりも，日常の生活で，もっと頻繁に使われていたことを示しているように観察される。樽式土器になると，受け口のものは姿を消し，樽式の中頃以降は壺と甕の形態が接近してきて，区別がつけ難いものが多くなってくる。

一方，高さが60〜50cm以上にもなる大型の壺が樽式の時期に出現する。住居址からも出土するが，方形周溝墓の主体部などに多用され，使用の形態が変ってくるようである。

別に，少量だが小型壺の一群がある。これにも受け口のものと，反り口のものがあるが，反り口のものが多いようである。一般に無文で，外面に，一部のものは内面の口頸部にも赤色の塗彩が見られ，やはり赤彩した蓋が付くこともある。下胴部には吊りさげ，あるいは緊縛用かと考えられる孔のある突起が3ヵ所ほど付くこともある。大きさ・彩色などから実用の道具でなく，祭祀用の儀器と考えられるが，あるいはこれらの中の大きめのものは，種籾などの保存に使われたのかも知れない。

小型台付甕 口縁径13〜10cm，高さ15〜12cmほどの小型の台付甕が，竜見町式の初期から樽式の終末まで少量存在する。口縁部はほとんどが反り口だが，竜見町式には受け口のものもある。まれに口頸部内面が赤色塗彩されることもある。文様は時期によって多少違いがあるが，口縁部・頸部・上胴部に見られる。小型ではあるが，外面に煤が付着しているものが一般的で，火にかけて使う煮焚き用の土器である。個人用の調理具兼食器といった感じである。

台付甕 後期樽式土器の後半になると，高さ30cm前後，口径20cmほどの台付甕が出現し，煮焚きに使われるようになるが，量は多くなく，あまり普及しなかったようである。群馬県西部の碓氷川・鳥川流域に多いが，県北部地方にも見られる。小型台付甕から発展したとも考えられるが，南関東では中期からすでに存在しているので，そちらからの影響も考えられる。時期的に後続するいわゆるS字状口縁を有する台付甕とは，土器の系譜としては直接つながらないが，機能・用途面ではつながっている。

高杯 量は多くない。竜見町式の初期から樽式の終末まで継続する。ほとんどが無文で，外面および杯部内面に赤色の塗彩が施されている。口縁部径は30cm余りのものから10数cmほどまである。祭祀・供献のための盛り付け器であろう。杯部の形態には，浅鉢形・椀形のものと，口縁部が開いて段皿状の平坦部を作るものとが見られる。彩色のないものもあるが，これらは日常の生活で食膳の盛り付け器として使われたのであろうか。

鉢 口縁部が内彎気味の，口径20〜10cmほどの小型の土器で，両面に赤色塗彩が見られるのが普通であるが，どちらか片面のみの塗彩例もある。ほとんどが無文だが，口縁部に文様のあるものもある。基本的には彩色があり，わずかに彩色のないものもあるが，供献の道具として高杯と同様に使われたと考えられる。竜見町式の初期には確認されていないが，後期終末まで使われている。後期になると，口径に比べて高さが2分の1以下の，口の開いた浅鉢形のものが多くなり，赤色塗彩のないものも多くなる。供献の具から日常生活の食器へと分化したものがあることが考えられる。

甑 すり鉢状の土器の底に一孔を穿った土器で，量は多くない。まれに下胴部が内彎した椀形のものがある。口径は20〜15cmほど。無文が原則であるが，ごくまれに内面・外面に赤色の彩色があるものがある。蒸し器あるいは濾過器として実用の道具と考えられる。用途が限定できない状況では，有孔浅鉢形土器とでも表現すべきかも知れない。赤色塗彩したものは儀器であろう。竜見町式初期の小塚遺跡では確認されていないが，末期の清里・庚申塚遺跡で初めて出現が確認された。樽式を経て古式土師器まで継続する。

注口土器 無文・赤色塗彩・小型の壺形土

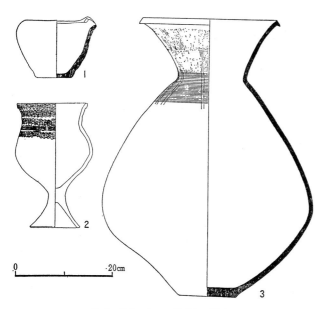

図3 樽式になって出現した器形
1：片口付鉢（引間），2：台付甕（上小路），3：大型壺（剣崎）

器の胴部に注口を有する土器がごくまれに存在する。壺形であるにもかかわらず，内面にも赤色塗彩が見られるものがある。安中市郷原出土例では内面に付着物が見られる。酒糟でも付着したのであろうか。祭祀・儀礼の場で使用されたと考えてよいであろう。竜見町式末期に存在が確認されているが，他の時期は不明である。縄文晩期の注口土器や土師器・須恵器の𤭯との系譜を考えてみる必要があろうが，現段階では，間の時期を埋める資料が確認されていない。

片口付鉢・注口付鉢　鉢形土器に片口を付けた土器が後期になって出現する。口径は 15 cm 前後で，最大径とほぼ同じ位の高さのやや大型で深いものと，小型の浅いものとがある。彩色や文様は見られない。日常生活の中で，調味料入れなどの調理具あるいは食膳での道具として使われたと考えられ，後期にはかなり普及する。同じ器形で注口の付くものも若干存在するが，同様の用途に使われたのであろう。

手捏ね土器　鉢形を中心として径 10 cm 以下の小型の手捏ね土器が若干存在する。竜見町式にも樽式にも見られる。粗末な作りではあるが，実用の道具とは考えられないので，祭祀・供献の儀器であろう。

香炉形土器　極めてまれに香炉形の土器がある。樽式期に東海地方から搬入されたものであろう。

4　土器の用途

これまでの状況を，土器の用途を中心としてまとめてみたい。

煮焚き用の土器として，受け口の甕・反り口の甕・小型台付甕および台付甕がある。受け口の甕と反り口の甕は竜見町式の初期から両方が使われているが，樽式の初めには受け口のものが多くなり，中頃以降は逆に受け口のものが消滅して，反り口のものに統一される。初期の段階では煮焚きの対象になるものが異なっていたのが，最後には区別がなくなって形が統合したのかも知れない。

少量の物の煮焚きに竜見町式・樽式を通して使われた小型台付甕では，また別のものが煮焚きされたのであろうか，大きさからすれば個人用の煮焚き具の感もある。

後期中頃以降，台付甕が使われるようになった。台が付いているので熱効率はよいと思われる

のに割合に普及していないのは何故だろうか。形態的には小型台付甕 から 発展した ように 見えるが，南関東地方の台付甕の影響も考えてみる必要がありそうである。

貯蔵用の容器とされる壺は，甕と同様に多量に使用されており，種粒などの栽培植物の長期保存のためというより，日常の生活の中で頻繁に使われていたように観察される。竜見町式初期の段階では受け口の壺と反り口の壺があるが，樽式の中頃までには受け口のものが消滅してしまう。もともとの受け口の壺は片口がつくものから出現した可能性があって，受け口のものと反り口のものは，収納する対象物が異なっていたのか，あるいは使われ方が異なっていた可能性があるのではないだろうか。籠などに包まれた壺の痕跡もまれに見ることができる。

甑とされる底に孔のある浅鉢形土器は竜見町式の末期には確実に出現し，後期を経て，古墳時代まで継続する。甕と組んで蒸し器の役割をしたとすれば，この時期に穀類を蒸して食するようになったと考えられるが，量的には多くはないので，常時使用していたとは考え難い。特別な場合に，蒸した穀類が供献され，食されたのであろう。

一方，この土器に蒸し器としての機能を疑問視して，むしろ濾過器として使われたとする考えもあるようである。とすれば，醸造具としての機能をもつということになる。この形の土器に赤色の彩色が施され，儀器化しているものがあるが，どちらの機能・用途を持っていたにしても，儀器が出現して不思議ではないように思われる。

無文・小型塗彩甕の頸部にいくつかの小孔があるものがあり，やはり小孔の見られる塗彩蓋と組んで醸造具，あるいは，その儀器とも考えられるが，儀器と考えた場合には，実用の醸造具の方が確認されていないことになる。

そのほか食膳で使われたと考えられるものに，彩色の施されない鉢・高杯などがある。いずれも供献の具である赤色塗彩の鉢・高杯などから派生して使われるようになったと考えられる。片口や注口のついた鉢も樽式期に出現する。調理の際や食膳で使われたのであろう。

供献具・祭祀具・儀器と考えられるのが，赤色塗彩・無文の高杯・鉢・小型甕・小型壺・注口土器・甑などである。高杯・鉢は，盛り付け器として，注口土器は酒器としての役割を果たしたので

あろう。甑は蒸し器の場合も濾過器の場合も，小型甕と組んだ儀器の可能性が考えられる。赤色塗彩の小型の土器は，いずれの器種も儀器の可能性が考えられる。これら赤色塗彩の土器や，わずかに見られる手捏ねの土器は，祭祀や葬送の場で重要な役割を果たしたのであろう。

葬送の場・埋葬施設には供献・祭祀の土器のみでなく，通常の壺・甕類もよく使われている。とくに樽式になると大型壺が目立って来る。

このような土器の使われ方を時期を分けて観察すると，竜見町式以前は弥生文化の波及期として縄文文化の伝統が土器のみでなく，生活全般に根強く残る時期と考えられる。

中期後半の竜見町式土器の時期は，平野部に集落が進出して来て，安定した農耕生活に入った時期で，土器は地方的な特色を見せはするものの，典型的な弥生土器の組合せを持つに至った。この時期には，土器は比較的規制の強い使われ方をしていたと考えられる。すなわち，受け口の壺・反り口の壺・受け口の甕・反り口の甕などは用途によって使い分けられ，祭祀・供献の土器は，形・大きさ・彩色などで日常生活の土器と区別され使用されていた。

後期の樽式土器の時期には，こうした規制が崩れた時期のようである。すなわち，受け口と反り口とで使い分けられていたと考えられる甕と壺は区別がつけられなくなったばかりか，壺の一部を除くと，壺と甕の区別も徐々に分け難くなってきている。供献の盛り付け器である鉢や高杯が，彩色を施さない形で日常の生活の中に入ってきている形跡もある。また，台付甕，片口や注口付の鉢などの新しい形態が生まれた。竜見町式に見られた大型甕が姿を消すとともに，今度は大型壺が出現し，住居のみでなく，埋葬施設にも盛んに使われたことなどが挙げられる。山間の小平地にまで耕地を求めて人々が進出した発展期の活力が，土器に見られた規制を崩し，新しい形態や使い方を生み出したと見ることができよう。

5 おわりに

短い時間の中で，幾つかの資料にあたったが，土器の用途を知るための手掛かりになる最も重要な情報の幾つかがきわめて乏しいことに気がついた。すなわち，土器の形や文様その他の製作技法などについての情報はある程度得られるものの，遺跡や遺構の中でのあり方，出土の仕方や，使用の痕跡——付着物や磨滅の状況などに関する情報はきわめて不充分なのである。また，一つの報告書の中で，土器の実測図の縮尺の統一がなされていないものもあった。土器の用途を見極めるためには，形ばかりでなく，大きさ・容積も重要な意味を持っているはずである。大きな土器を小縮尺で，小さな土器を大縮尺で報告されては，大きさの比較もままならない。一見，同じ形をしていても，大きさが異なれば，機能が異なり，したがって用途が違うことは，当然あり得る。

とかく土器の研究が，型式の細分や編年のみに走りがちであったり，行政発掘によって，報告が単なる仕事として義務的になされているのみであったりすると，「人々の生活の復元」という考古学の重要な視点が見失われてしまうのではないかとも考える。

土器の付着物などが，化学的に分析されれば，用途論もまた違った展開になる可能性もあり，関連諸科学の力を借りることも重要であろう。

参 考 文 献

杉原荘介・乙益重隆「高崎市附近の弥生式遺跡」考古学，10—9，1939

杉原荘介「上野樽遺跡調査概報」考古学，10—9，1939

小林行雄・杉原荘介編『弥生式土器集成　本編2』1968

梅沢重昭「笹遺跡—鏑川流域における滑石製品出土遺跡の研究（遺物編）—」群馬県立博物館研究報告，3，1966

杉原荘介「群馬県岩櫃山における弥生時代の墓址」考古学集刊，3—4，1967

外山和夫「高崎市剣崎町上小路遺跡出土の弥生式土器」群馬県立博物館報，19，1976

外山和夫・津金澤吉茂・井上　太「群馬県地域における弥生時代資料の集成 I」群馬県立博物館研究報告，14，1978

神戸聖語・今井敏彦・佐々木恵子『引間遺跡』高崎市文化財調査報告書，5，1979

相京建史・中沢　悟ほか『清里・庚申塚遺跡』昭和54年度県営畑地帯総合土地改良事業清里地区埋蔵文化財発掘調査報告書，2，1981

中島　宏ほか『池守・池上』埼玉県教育委員会，1984

佐藤明人・友廣哲也・大西雅広「群馬県有馬遺跡—弥生時代後期の墓跡を中心に—」日本考古学年報，35，1985

設楽博巳「関東地方」＜条痕文系土器＞文化をめぐる諸問題　資料編 I，愛知考古学談話会，1985

第7回三県シンポジウム「東日本における中期後半の弥生土器」1986

弥生土器と木製容器

奈良国立文化財研究所
岩永省三
（いわなが・しょうぞう）

木製容器は，他のさまざまな材質の容器とともに全体として
容器の様式を構成し，互いに密接に関連しつつ存在していた

弥生時代の容器は，材質によって土製（土器），木製，ヒョウタン製，藤などの植物繊維製，革製，樹皮製，金属製などに分けることができる。これらのさまざまな材質の容器は，全体として容器の「様式」を構成し，互いに密接に関連しながら存在していたと思われる。このうち，植物質材料の製品には地下水のある所でないと残りにくいという制約があり，土器に比べて器種の組成や器形の時間的・空間的変化，および土器との量的関係などの全貌を把握するには困難が伴う。とはいえ資料は増加しつつあり，木製品が容器の中でかなり重要な位置を占めていた様子が判明してきた。たとえば，桶のように大きくて土器では作りづらいもの，食物をこねたり擂りつぶしたり少々手荒な扱いをするなど，使用勝手上の必要があるものは基本的に木で作られていた。以下，容器としての土器と木器との関係について少し詳しく調べよう。

1 木製容器の量と種類

遺跡からの出土量を比較すると，木製容器に対して土器の方が圧倒的多数を占める。これには，木器が腐蝕のため残りにくい点を勘案するにしても，木器の方が素焼きの土器より耐久性があり，一たび作れば相当長期間の使用に耐えるし，製作に手間がかかるため，土器のように多量生産しなかったという事情が働いていたのであろう。

弥生土器には，その出現の当初から用途に応じた器形の区別（器種）があり，日常生活のさまざまな要求を満たしていた。たとえば，貯蔵には壺，煮炊きには甕，盛りつけには鉢・高杯といった具合であり，これらは形のほか作り方や施す装飾などでも区別されていた。木製容器にも幾つかの器種がある。まずこれらを概観し，次に土器の器種との関係について調べよう。

木製容器の器種を大雑把に分類すると，鉢（鉢形の略，以下同様），椀，高杯，無頸壺，蓋付多足容器，槽，桶のほか，容器ではないが関係深いも

のとして匙，杓子，臼などがある。このうち鉢には，器の深さ，台脚の有無，底部の形，把手の有無などの点で多くの変異がある。他の器種も変異幅の大小はあるものの同様な情況であり，さらに細かく分類することができるがここでは触れない。総じて食物を盛り供する器（飲食容器），材料を中に入れてこねたり調整する器，飲食具が木製容器の主体を占めていたと言えよう。

ここで木製容器の作り方を一瞥すると，材をノミなどの刃物で刳り抜き彫り刻んでつくる刳物，刳り抜きで粗く加工してから轆轤にかけて細部を挽きだす挽物，板を枘差し結合や紐閉じで組立てる板物（指物），薄板を丸くたわめて円筒形の容器をつくり樹皮で綴じ合わせ底や蓋をつける曲物がある[1]。このうち，弥生時代に一般的であったのは刳物で，挽物は奈良県唐古遺跡，石川県西念南新保遺跡の高杯など少数である。板物は古墳時代に普及するが，全形がわかる弥生時代の例は棺以外に今の所ない。曲物では，福岡県鹿部山東町遺跡から出土した幅狭の薄板を二重にまげ，端を樹皮でしばったものが候補であるが，容器になるか検討を要する。また円形の底板が少数知られているが，これは刳り抜きの桶形容器の底かもしれず，曲物とは限定できない。

板物と曲物は複数の材を用いて作る。一方，刳物と挽物は一木で作るのが一般的であるが，別材を結合するものもある。たとえば，杯と脚部を別別に作り枘や雇枘で組み立てる高杯，U字溝形に刳り抜いた材の内側両端近くに溝をきり側板を落し込んだ箱形容器（大阪府瓜生堂遺跡），一木を刳り抜いて平面円形ないし楕円形の筒形とし別材の底板をはめる桶形容器（富山県江上A遺跡，石川県西念南新保遺跡）などがある。

2 土器と木製容器の作り分け

これらの木製容器には木器にしか見られない器種，土器と共通した器種がある。両者はどのように作り分けられていたのであろうか。

木器にしか見られない器種には，槽，片口形容器や鉢の中で楕円形のもの，台脚付鉢，蓋付多足容器，桶，匙，臼などであり，例外はあるものの日常的に用いる雑器が多い。これらを木で作る理由は幾つか考えられる。まず，土器では製作が困難という技術的制約があろう。ただし，古墳時代の形象埴輪や埴製盒，あるいは弥生土器・縄文土器でも時に見られる奇想天外な形の土器を見れば，木器に現われる程度の形態・法量の器はすべて土器でも製作可能と言えるから，目指す形が土器では作れないからということではない。むしろ，これらの器種に必要な少々手荒に扱ってもこわれない強度・耐久性が土器では満たせないからであろう。また非技術的制約として，方形・隅丸方形・楕円形の器は木で作らねばならない，といった社会的通念・規則の存在を想定してもよかろうか。

逆に，木器では作れない器種には何があるのか。当然ながら火にかけるものは無理。頸を付けたり胴ぶくれのある壺形をとるものは，容器の内面が刳れないという技術的制約から存在しない。ただし，口が広めの無頸壺ならある（奈良県唐古遺跡，兵庫県片引遺跡）。木器の木取りには，樹芯をさけた柾目の割裂面を容器の口にあてる横木取りと，木を横断した木口面を容器の口にする縦木取りとがあり，どちらの場合にも口径が木の径の半分を越える器は作れない。また，内面を刃物で刳るためいきおい浅い容器・深くても口が広い容器が多くなる。口が狭く深い器は縦木取りで作るが，それでも別材の底板を嵌めるものを除けばあまり深くは作れない（唐古遺跡の筒形木器は例外）。

一方，土器と共通した器種には，円形の鉢・椀，高杯，杓子などがある。これらの中には，形態や細部の特徴の点でとくに土器と関係が深く，一方が他方を模倣したとみなせるものがある。たとえば，土器ないしその要素を木器に写したものには，刻目凸帯をめぐらせた高杯，水平口縁の下端部に刻み目を施した高杯（大阪府鬼虎川遺跡・池上遺跡）などがあり，紅茶カップ形の把手付小鉢にもその可能性がある。一方，土器のモデルになったとされている木器には，高杯のうち口縁部に幅広い水平縁を作り出すものや水平縁の端に縁飾りを垂れさせるもの（唐古遺跡），杓子などがある。近畿地方においては，弥生時代前期の木製高杯が多いのに対し高杯形土器が少ないことから，当初木器として発達した形が土器にも写され，後

に両者があい並んで用いられたと考えられている[2]。ただし，この考え方が近畿地方以外の西日本全般で成り立つのかは，今後の検討を要する。たとえば，九州地方でも前期の高杯形土器は多くないが，木製高杯も今の所珍しく，形が土器とは異なる例が目立つので，木製高杯の形が土器に移されたとは考えにくい。また，近畿地方の前期土器に見られる彩文も，木製容器に発達した手法が土器に適用されたものと考えられたことがある[3]。しかし，近畿地方の前期土器の彩文は北部九州地方の土器にルーツが辿れる[4]ので，やはり近畿地方の木製容器の彩文は，土器の彩文の影響を受けたとみなすべきであろうか。その意味で，北部九州地方における土器の彩文と木器の彩文との関係に注目する必要があろう。

器種が同じで時として形まで似た器を，異なった材質で作っている以上，何らかの使い分けや意義の差があったと思われる。土器と比べると木器の方が作るのにはるかに手間がかかり，数も多くはなく，また漆などを塗って化粧したものがあるなどの点から，儀式などの特別の場合に用いられたとも考えられるが，耐久性の良さを考慮すれば日常用ではなかったとも言いきれない。杓子などはむしろ木製品の大半が日常用で，土製品の方が祭祀用であろう。この問題についてはさらなる検討を要する。

3　精製と粗製

縄文土器・弥生土器と同様に木製容器にも精製品と粗製品の区別がある。大雑把に見れば，精製品は刃物による削り痕を残さないように表面を磨くなど丁寧に仕上げるもので，文様を刻んだり彩色を施したりすることもある。粗製品は雑な仕上げで装飾もない。精製品は製作に大きな労力を要し数も少ないことから，非日常的な晴（はれ）の場面で使用され，粗製品は日常の生活に用いられたと考えられている。

土器の場合と同じく木器についても，精製・粗製を区別する基準が弥生時代の各時期・各地域を通じて一定していたわけではない。たとえば，後期には土器・木製容器全般が粗製化する[5]が，仔細に見ればやはり精・粗の別はある。具体的に地域・時期別にその識別基準を設定する仕事は別の機会に譲るが，以下では木製容器に精製・粗製の差を付けるために行なわれた方法を一瞥しよう。

弥生時代のさまざまな形の木製容器

　木製容器の製作は，まず粗く整形してから次第に精巧に削り目的の形に近付けていく。この間，刃物による表面の削り跡は少しずつ細かくなり，さらに磨いて刃跡を消し，文様を彫りつけることもできる。この一連の工程のある段階以降を省略する物と，そうでない物とを作り分ける方法がもっとも一般的である。轆轤にかけて細部を挽き出すものと，手持ちで削るものとを区別する場合もあろう。ただし，精・粗の別がこうした轆轤使用の有無という技術水準から一義的に決まるわけではない。轆轤を用いないで作った物の中にも精製品がごく普通に存在するからである。

　刃物での加工を終えてから，ベンガラ・水銀朱・黒色物質などの顔料あるいはこれらを混ぜた漆を表面に塗って彩色するものと，白木のままのものとの作り分けも一般的に行なわれた方法である。ただし，前者はすべて精製品であるが，後者には精・粗両方が含まれる。複数の材を結合して作る高杯で，わざわざ色沢の異なる別種の木を選んだ例（唐古遺跡，ケヤキとヒノキ）があることからも知られるように，木材特有の色沢や木目の美しさを求めた白木の精製品も多かったであろう。顔料や色漆を塗る場合には，全面に塗るものと文様を描くものとがある。後者の例として，近畿地方では，華麗な赤彩文を飾った前期の木製容器が知られている。器種には高杯（唐古遺跡，大阪府安満遺跡，東奈良遺跡），浅鉢（兵庫県丁柳ヶ瀬遺跡），無頸壺（兵庫県片引遺跡）があり，いずれも平塗りの木葉紋が陽画法ないし陰画法で描かれている[6]。九州地方には，下地に黒漆を塗りその上に赤漆で幾何学的な紋様を施した前期の椀・高杯（佐賀県菜畑遺跡），下地の赤漆の上に黒漆の紋様を描き出

52

左頁の桶2点（石川県金沢市，後期）以外は大阪府下の出土品（中期）を扱った。
スケールはほぼ1/7。

した高杯状容器・筒状容器（長崎県里田原遺跡）などがある[7]。

精製・粗製の格付けは，実際は以上に述べた幾つかの方法を組み合わせてなされていた。たとえば，石川県西念南新保遺跡では，高杯の中に轆轤挽きで作り水銀朱と黒漆で加飾するものと，轆轤を使わず赤塗りもしないものとがある[8]。ところで，一般に粗製品には木器にしかない器種が多く，精製品には土器と共通した器種が多い，すなわち精・粗の別と器種とが対応すると考えられている。これは大雑把には妥当であるが，西念南新保遺跡の高杯に見るように，精製品の中にもより入念な作りのものとそうでないものとがあり，粗製品が多い槽にも精巧品があることなどから見て，厳密に対応すると考えない方がよい。したがって，木製容器のランク分けも精製・粗製の2大別ではなく，もう少し細分することができるし，各ランクに属する器が生活の中で用いられた場面もそれぞれ微妙に異なっていたと思われるが，それらを具体的に解明するのは今後の課題としておく。

4 時間的変化と空間的変化

木製容器にも，土器と同様に器種の組成や器形の時間的・空間的変化があるが，いまだ資料が少ないために，地域毎に各時期の資料を揃えることが難しく，全貌を把握するには至っていない。ここでは変化の傾向を概観するに留める。

木製容器は弥生時代前・中期には丁寧に作られ仕上げも美しいものが多かったのに対し，後期には鉄製工具が普及し工作が容易になるにもかかわらず，全般的に品質が低下する。こうした後期における粗雑化が土器や木製農具にも共通する現象

であることは以前から指摘されてきた。粗雑化の原因は，社会が変化し時間と労力をかけて土器や木器を作ることが意味を失い，手抜きをしてす早く作るようになったからだと考えられている[9]。また，全般的粗悪化の一方で，きわめて手の込んだ超精製品が少数ながら存続することも土器・木器に共通しており，これについては実用品と奢侈品との分化が促進され，一般の村では日用雑器のみを作るようになったのに対し，精製品を作る技術が育ちゆく支配者層の奢侈品製作部門に吸収される形で存続したからだと考えられている[10]。

上述のことと関連して，木製容器に施す装飾について，前期には浮彫的・彫刻的なものがかなり見られるが，以後これが減少し，顔料などを塗彩するだけの平面的なものが多くなる，という点を指摘しておこう[11]。

木製容器の地域色についても，まだ不明な点が多い。現状では，台脚付浅鉢の板状台脚・台脚付深鉢の圏形台脚・高杯の圏足などに大きめの透孔をあけるものや，細長い長方形の槽の短辺に舌状の突起をつくり角孔をあけるものが九州地方に，蓋付多足容器が近畿地方に，刳り抜きの桶が北陸地方に，片口形容器が静岡県下に多いなどの点が指摘できるが，今後の資料の増加により訂正を要するかもしれない。

最後に，縄文時代から弥生時代への移行期の問題に触れておく。縄文晩期に朝鮮無文土器文化との接触が始まると，米とそれに関わる情報がもたらされ始める。その中には，農作業の道具，工具，土器をはじめとする容器類，機織具，祭祀具などに関するさまざまのものが含まれており，情報の蓄積が，縄文時代晩期後半から弥生時代前期初頭にかけての一連の変化を引き起こした。木製容器のこの間の変化はどうであったのか。器種・器形の上に生じた変化を細かく辿ることは資料の制約から困難である。縦杓子・蓋付多足容器など弥生時代にはじめて登場する器種があることは確かであるが，それらが該期に無文土器文化の影響で成立した器種であるのか，弥生時代人の創作であるのかは今後の検討を要する。一方，該期には樹種選定の上にも変化のあることが指摘されている。すなわち，縄文時代にはケヤキ・サクラ・タブ・トチ・カヤなどが選ばれるのに対し，弥生時代にはケヤキ・サクラは残るものの，クスノキ・ヤマグワ・ヒノキが多く用いられており，これら

の樹種を選択することが弥生時代的特性であるという[12]。また，農耕具や工具の木製柄に常緑カシ類を本格的に使用し始めるのもこの時期であるという[13]。木器の樹種は外見に現われにくい内在的要素であるから，その選択がはっきりと変化するとすれば，渡来者による直接的な製作ないし強力な教示を大きく評価せざるを得なくなり，稲作伝播の故地における習俗が遵守されたものと考えられている。

ただし，最近の田中良之氏の研究によれば，この時期の文化要素の変化は決して急激なものではなく，無文土器文化人との交流や渡来者によってもたらされた情報を，縄文人が主体的に取捨選択し，基本的には彼らが従来もちあわせていなかった品目を中心にかなり選択的に受容していることが明らかにされつつある[14]。この観点からみると，先の木製容器の樹種選定の変化についての仮説がその変化を急激かつ外的要因のみによるものと把えているのであれば問題があるし，1つの地域，とくに北部九州地方内で縄文後・晩期から弥生前期への推移を辿ったわけではなく，時間的・地域的に隔絶した資料から得られた点で，やむを得ないとは言え限界がある。また，外的文化要素の導入という観点のみからでなく，植生変化の点からも説明できないかどうか，今後も資料の蓄積を待ってさらに掘り下げるべき課題であろう。

註

1) 町田　章「木製容器」弥生文化の研究，5，1985
2) 末永雅雄・小林行雄・藤岡謙二郎『大和唐古弥生式遺跡の研究』京都帝国大学文学部考古学研究報告第 16 冊，1942
3) 註 2）に同じ
4) 工楽善通「赤彩文」弥生文化の研究，3，1986
5) 町田　章「木工技術の展開」古代史発掘，4，1975
6) 註 4）に同じ
7) 工楽善通「漆工技術」弥生文化の研究，6，1986
8) 宮本哲郎「日常生活の道具―西念・南新保遺跡出土木製品―」月刊文化財，218，1981
9) 佐原　眞「手から道具へ・石から鉄へ」図説日本文化の歴史，1，1979
10) 註 5）に同じ
11) ただし，容器以外の短甲などは別で，静岡県伊場遺跡出土品は前胴の全面に幾何学的文様を彫刻してある。
12) 註 1）に同じ
13) 金子裕之「石の刃の威力」縄文から弥生へ，1984
14) 田中良之「縄紋土器と弥生土器」弥生文化の研究，3，1986

続縄紋のひろがり

■ 林 謙作
北海道大学助教授

1 縄紋と弥生

山形・生石2の調査[1]の結果，大洞A′新式に第Ⅰ様式中段階の壺が伴出することが確認された。この時期の水田址が確認されるのも時間の問題だろう。東北の弥生の開始はこの時期までさかのぼるのだろうか？

縄紋と弥生をどのように区分するか，その基準によって答えは違ってくる。"稲作が基本となる時代が弥生時代"[2] という見解は，現在の定説と言えよう。稲作が基本であれば，当然コメが主食となる。東北でコメが主食となるのはいつだろうか。食生活に転換が起これば，食器・煮炊き用の土器に変化が及ぶはずである。後期中葉以降，東北地方の煮炊き用の土器は，大洞 C_2 期と桝形囲期にきわだって変化を見せ，その間は漸移的な変化をつづける。大洞 C_2 期には屈曲をもった深鉢（図1）が急に増加し，桝形囲期には"遠賀川的"（？）な甕（図4）が普及し，波状縁深鉢は消滅する。"初期弥生"とされる山王Ⅲ層式の深鉢は大洞A′古式（図2）の深鉢とほとんど違いはない。仙台平野では桝形囲期以前に水田が造られており[3]，宮城・教塚の水田は山王Ⅲ期までさかのぼるだろう。水田の出現の時期と，煮炊き用の土器の変化のテンポは一致していない。あるいは九州の早期弥生で縄文系の深鉢が踏襲されていることが反証として引き合いに出されるかもしれない。

それでは，石皿・磨石に目を向けて見よう。石皿・磨石は穀物の脱穀には向いていない。たとえばコメの飯のように，脱穀した穀物を粒のまま食べる風習がひろまれば，石皿・磨石は臼・杵に置き換わってしまう。石皿が目立って減少するのも桝形囲期以降で，"初期弥生"の集落では石皿・磨石は決して珍しいものではない。コメが主食となったのは，仙台平野の桝形囲期に併行する時期以降のことだろう。おそらく関東・中部地方でも大差はなかろう。稲作導入から"稲作が基本となる"時期までは土器型式にして2〜3型式の時間的な間隙があるのだろう。この事情は本州西南部でも九州でもおなじはずである。

2 「続縄紋」か弥生か？

北九州の早期弥生人・近畿地方の前期弥生人は，言うまでもなく稲作を基本とする生活を送っていた。彼らはこれらの地域の縄紋社会にはなかった壺や高杯に神酒・神饌を盛り，丸太に貫き通したイノシンの顎を神に捧げ，豊作を祈り，あるいは感謝の念をあらわした。彼らは，実生活の面ばかりでなく，儀礼や意識の面でも，数世代前の祖先（＝縄紋人）とは違った，新しいものを身

につけている[4]。それでは本州西南部の凸帯文土器を用いた人々はどうだったのだろうか。山陽地方の事情はまだ具体的にわからない。近畿地方に目を向けてみよう。

近畿地方での稲作の開始は，遠賀川系弥生人の移住以前にさかのぼる。縄紋社会の地域や村落の結びつきを通して，新しい技術・文物が伝わったのだろう[5]。夜臼式を祖型とする凸帯文土器に伴う壺[6]は口縁部の凸帯文や深鉢と区別のつかぬ底部，あるいはへら磨き仕上げにかわるへら削りやなでによる仕上げなどの地方色を帯びている。新しい技術・文物の伝達の径路・媒体を暗示している。さらに，兵庫・口酒井のように稲作波及当初（？）の遺跡で土偶が出土するのは当然としても，大阪・長原のように，比較的多量の籾痕土器が出土し，弥生土器も出土して遠賀川系弥生人と交渉を保っているはずの時期になっても，土偶（？）・石棒を用いたまつりが続いている[7]。氷Ⅰ式の丹彩鉢も出土している。長原の住民は，一方では新来の弥生人と接触し，また一方では伝統的なまつりとつきあいを維持していた。近畿地方の凸帯文人にとって，稲作の受容は伝統的な生業体系の補強・手直しではあっても，生産や社会関係の転換を意味していたとは考えられない。彼らは，来作りをはじめた縄紋人であり，おなじく凸帯文土器を用いてはいても，北九州の早期弥生人よりも，稲作普及の過程の一段古い段階にある。佐原眞[8]の"段階区分"はこの点を見落している。

日本列島全域（ただし沖縄地方の事情はまだわからない）にわたって，縄紋人が弥生系（または半島／大陸系）の技術・文物を部分的に採り入れ，伝統的な生業や社会組織の手直しをこころみた「段階」を認めることができよう。農耕（稲作とは限らぬ）の導入から稲作が基本となるまでの段階と言ってもよい。ただし，北海道では農耕関係の要素はほとんど脱落してしまう。伝統的なイデオロギーを反映する遺物と伝統的な地域社会の結びつきの遺存・弥生系の技術／文物の撰択的受容・その結果としての弥生系文物の僅少さなどがこの段階を前後の段階から識別する指標となる。山内清男[9]の提唱した「続縄紋」がこの段階の名称としてもっともふさわしい。

「続縄紋」は「段階」であり，地域によって時間的なズレがあり，特定の地域の歴史のなかでなければ「時期」としてとらえることができない。北九州の続縄紋は，佐原[8]をはじめ多くの研究者が指摘するように，黒色磨研土器の時期にははじまる。本州西南部の続縄紋は凸帯文2期[7]にははじまり，弥生前期中葉には終わる。おなじ地域に続縄紋と初期弥生が共存し，時間的に分離できないのが伊勢湾沿岸以西の地域の続縄紋後半期の特徴である。続縄紋文化の地域差を暗示する現象もいくつか指摘できるが，ここでは触れる余裕がない。

3 東北続縄紋の開始と終末

最後に，東北地方を中心とする続縄紋の開始と終末について触れておく。東北地方の晩期後葉を続縄紋段階（期）とする見解は私の創見ではなく，すでに先例がある。しかし，その根拠・定義・範囲はここに述べたとこ

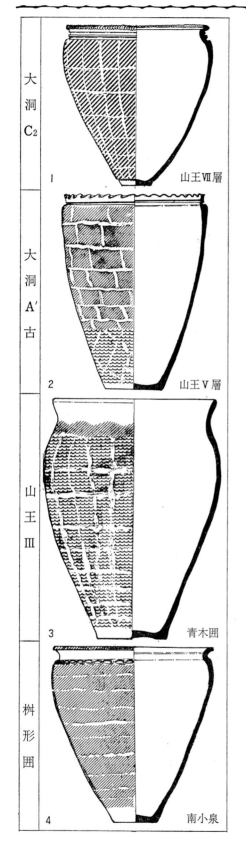

表1 東北地方の縄紋／弥生系文物の消長

	縄紋系文物	弥生系文物
	土土石香注雲工 　　形字 偶版剣炉口文文	イ水石管紡木中壺甕 　　　庖　錘工形用用 ネ田丁玉車具壺蓋蓋
桝形囲		
山王 Ⅲ		
大洞 A′ 新		
大洞 A′ 古		
大洞 A		
山王 Ⅵ		
大洞 C₂		
大洞 C₁		

ろとは違っている。東北の晩期中葉以降の縄紋系／弥生系の文物の消長は表1にしめすように漸移的である[10]。大洞 A′ 新期は縄紋系文物の衰退・弥生系文物の出現の端境期にあたる。しかし，前後の型式の連続性（土器に限らぬ）は無視できない[5,10]。続縄紋の後半と前半の境界をここに求め，遠賀川系壺の出現を後半期のはじまりを象徴するエピソードと見るべきだろう。縄紋／弥生の境界を大洞 C₂／A におく見解は姑息・皮相にすぎる。

大洞 C₂ 期には，文化の変質・地域社会の力関係（？）の変化を暗示するいくつかの現象が観察される[11]。なかでもさきに指摘した粗製深鉢の変化は注意をひく。その時期が本州西南部 での 凸帯文土器 の成立と前後しており，しかもその頃に青森・石亀，同・亀ヶ岡[12]などでイネ・ソバの花粉，あるいは籾が出現する。ソバ・コメを含む雑穀栽培の導入がこの時期にさかのぼることはほぼ確実であろう[13]。

続縄紋の終末（＝弥生の開始）は桝形囲式，あるいはこれと併行する型式の成立期に求めるべきだろう。当然東北地方のすべての"初期弥生"は続縄紋後半期に帰属する。この時期には，北上川下流域で地域社会の結びつきの変化を暗示する現象[14]が観察される反面，土偶の存在[15,16]は縄文的イデオロギーがなおも維持されていたことを示している。東北地方，ひいては関東・中部（さらに東海の一部）の"初期弥生"は続縄紋後半期に帰属する。この見解を否定するには，関東・中部の"初期弥生"を特徴づける再葬墓・人像蔵骨器が縄文晩期には溯らぬことを論証しなければならない。

佐原眞氏から「続縄紋」という名称を採用する際の問題の指摘をうけ，有益な示唆をうけた。挿図に使用した実測図を入手するにあたって須藤隆・山田晃弘両氏の配慮をうけている。末尾ながら御礼申しあげたい。

表 2　縄紋晩期／続縄紋／弥生の移行

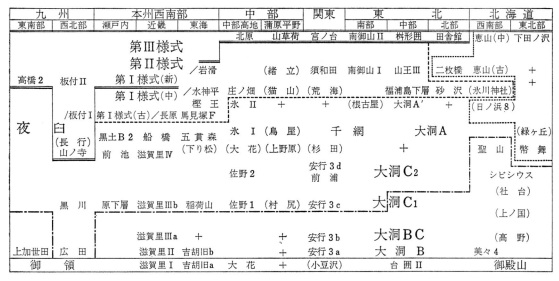

（編年はおもに『縄文土器大成』3・4を参照した）

註

1) 阿部　実『生石2遺跡発掘調査報告書』1986
2) 岡崎　敬・森貞次郎・永井昌文・佐原眞「縄文から弥生へ」歴史公論, 74, p.23, 1982
3) 斎野裕彦・及川　格「仙台市富沢水田遺跡の調査」考古学ジャーナル, 260, pp.23〜25, 1986
　　吉岡恭平「富沢水田遺跡鳥井原地区」仙台市高速鉄道関係遺跡調査概報』5, 仙台市教育委員会, pp.17〜33, 1986
4) 中島直幸・田島隆太（編）『菜畑遺跡』唐津市教育委員会, 1982
5) 林　謙作「亀ヶ岡と遠賀川」『岩波講座日本考古学』5, p.117, 1986
　　泉　拓良「縄文時代から弥生時代」日本考古学協会昭和61年度大会研究発表要旨, p.37, 1986
6) 家根祥多「縄文土器から弥生土器へ」『縄文から弥生へ』帝塚山考古学研究所, p.60, 62, 1984
7) 永島暉臣慎（編）『大阪市平野区長原遺跡』II, 大阪市埋蔵文化財センター, p.210・PL132, 1982
　　同上『大阪市平野区長原遺跡』III, p.101・200〜202, 1983
8) 佐原　眞「縄紋／弥生」日本考古学協会昭和61年度大会研究発表要旨, p.9, 1986
9) 山内清男『日本遠古之文化』先史考古学会, p.32・34〜35・43, 1939
10) 林　謙作「亀ヶ岡文化論」『東北考古学の諸問題』東出版寧楽社, pp.189〜191, 1977
　　須藤　隆「東日本における縄文晩期から弥生時代に関する諸問題」日本考古学協会昭和61年度大会研究発表要旨, p.22, 1986
　　鈴木克彦「青森県における縄文晩期から弥生への変遷」日本考古学協会昭和61年度大会研究発表要旨, pp.17〜19, 1986
11) 林　謙作「縄文文化の発展と地域性—東北」『日本の考古学』2, pp.90〜92, 1965
　　林　謙作「縄文時代」『発掘が語る日本史』1, p.112, 1986
12) 那須孝悌・飯田祥子「青森県石亀遺跡（縄文晩期）遺跡の花粉分析」青森県田子町石亀遺跡第2・3次発掘調査概報, 平安博物館, pp.6〜10, 1975
13) 那須孝悌・山内　文「縄文後期・晩期の低湿性遺跡と古植生の復原」自然科学の手法による遺跡・古文化財等の研究, 特定研究「古文化財」総括班, pp.164〜165, 1980
14) 林　謙作「北海道・東北地方の自然と歴史」『発掘が語る日本史』1, p.31, 1986
15) 加藤道男『青木畑遺跡』宮城県教育委員会, pp.28〜29, 1982
16) 須藤　隆「弥生時代」『発掘が語る日本史』1, p.123・Fig.110, 1986

特集●弥生土器は語る

弥生土器の文様と造形

縄文土器の衣服が毛皮や毛織物だとすれば弥生土器のそれは，綾や錦だと言えるかも知れない。粘土工芸に弥生人像を垣間みる

西日本の弥生土器の文様／東日本の弥生土器の文様／弥生土器の絵／人面付土器

西日本の弥生土器の文様

大阪府埋蔵文化財協会
藤田憲司
（ふじた・けんじ）

西日本の文様には彩文，ヘラ描文，櫛描文，突帯文などがあるが，社会関係の変化や当時の習俗慣習を敏感に反映させている

1 文様の種類

弥生土器の文様には，(1)彩色によって描かれるものと，(2)ヘラあるいは櫛目状の板を用いて器面に描くもの，(3)粘土の紐を器表に張り付けて表現する文様，(4)えぐり取ったり，さらに孔をあけて透し文様としたもの，他に(5)土器を作る際に表面を整えた調整痕が，視覚的な効果を生み出しているものなどがある。

(5)の類を土器の文様と考えるかどうか難しいところであるが，例えば甕の一部にみられる整然としたハケ目痕や，その土器の帰属が弥生土器か土師器か論議されている畿内の庄内式土器の甕のタタキ目，九州地方の中期の壺や高坏，瀬戸内地方の中〜後期の高坏にみられる暗文風のヘラ磨痕は，多分に装飾的効果を意識していたに違いない。

彩色が文様として描かれるのは前期を中心とし，中・後期には土器の外面全体，あるいは上半，口縁部を塗り込めることが多い。ヘラ描きの文様は，用いられ方に変化はあるものの，各期を通じて最も一般的に用いられる。櫛描文はその描き方に地域差が多く，基本的には中期に盛行し，地域によっては後期まで続いて用いられている。張り付け突帯・浮文も同様で，前期末から中期に盛行し後期にも認められる。とくに北部九州における甕棺をはじめとする各器種の凸帯使用は盛んである。

これら文様の推移は，西日本全体としてはほぼ似通った傾向を持つものの，時代によって，さらには地域によってそれぞれ少しずつ異なった内容を持つ。いわば一つの地域，一つの時代の個性（まとまり）を窺えるような要素となる場合が多い。

2 前期の文様

前期の文様は主にヘラ描きの文様（沈線文，刺突文）と赤色顔料を用いた赤彩文のほか，その後半期には細い粘土紐を張り付けた突帯文が加わる。また，文様と呼ぶべきかどうかはさておき，古い段階の壺などの口頸部，胴部に段をつけて，装飾としたものがある。煮沸用の土器として飾られることの少ない甕も口縁部に刻み目を持ち，頸部直下に沈線文を主とする文様が付けられる。

壺，甕に共通して文様の主体となるのはヘラ描きによる横位の沈線文で，時期が下るにしたがって次第にその沈線の数が増えて前期末にはその数が10本を越えることも少なくない。ヘラ描き沈線の代わりに張り付け突帯が口縁の内側や胴部に付されることもある。

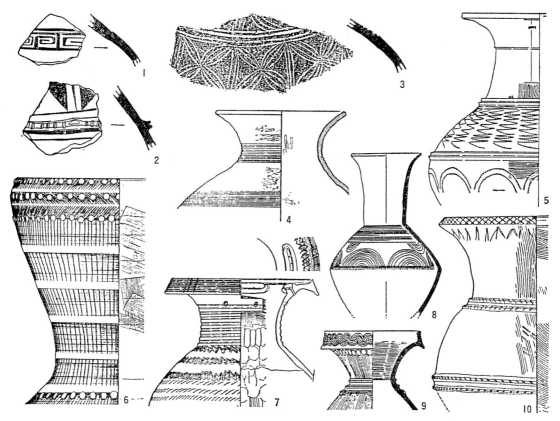

西日本各期の文様（縮尺不同）

1・2：彩文，3：木葉状文，4：平行沈線文，5：貝殻施文（以上前期），6：櫛描文・刺突文・浮文，7：櫛描文・凹線文・刺突文（以上中期），8：重弧文，9：波状文・突帯文・浮文，10：突帯文（以上後期）

（1〜3 大阪府山賀，4 同美園，5 福岡県下稗田，6 大阪府瓜生堂，7 岡山県上東，8 熊本県本目，9 大分県安国寺，10 福岡県三雲）

このほか，前期土器の文様を特徴づけるものに重弧文，木葉状文，雷文，渦巻文などがある。雷文，渦巻文は彩色によって表現されることが多く，雷文，木葉状文は現状では前期に限られる。

木葉状文は言葉の通り木の葉の形をした文様で，七宝繋状文とも呼ばれたことがある。葉の中央に軸線を持つものと持たないもので「有軸木葉文」「無軸木葉文」と呼んで区別され，後者が古いと理解されてきた。筆者はこの理解に対してやや異なった解釈をしており，軸線の有無は木葉状文の形成およびその推移の基本原理ではないという観点から，型式的な前後関係を示す論拠にはならないことを指摘したことがある[1]。

木葉状文は西日本の各地に認められるが，現状では瀬戸内海以東を中心とし，北部九州の板付I式より後出的な時期の文様である。彩色あるいはヘラ描きによって表現されることが多く，九州北東部から山口，島根，鳥取の山陰地方では貝殻の腹縁を器面に押し付けて文様を描く独特の手法が普及した。前期土器に認められる最初の明確な地域性である。貝殻の腹縁による文様の描出は山口県地域では木葉状文とともに中期まで残り，山陰の一部では少量ながら後期まで認められる。

3 中期の文様

ヘラ描きで一本一本表現されていた方法に代わって，中期の文様は板状の工具の先に細かな溝を刻みつけて櫛歯状にした工具で，一度に数条の平行線を付ける櫛描文と，土器の回転を利用したヨコナデの手法で作る凹線文の盛行を指標とすることができる。文様の種類には櫛歯状工具による平行線文・波状文・扇形文・簾状文・刺突文があり，そのほかに張り付け突帯文・各種浮文，細かいヘラ描き線による斜格子文・鋸歯文，凹線文，器台や高坏に付けられる透し文などがみられる。

櫛描文の成立が何を契機にしたのかは不明であるが，瀬戸内海中部の前期末の土器にその初現を求める考えもある[2]。この地域の前期末ないし中

59

期初頭の土器には，半截竹管を用いて一度に２本の線を引いたものがあって，一本ずつ引くヘラ描き沈線からの施文原理の変化を見ることができるが，これは必ずしも櫛状工具の発生につながるものではない。

一方，前期末には甕を中心に非常に細かなハケ目痕が観察される。ハケ目痕は，板状工具で器面を調整した痕跡であって，原体になる木質の軟部が摩滅することによって凹凸を作り，それで器面をこするためその凹凸の痕跡が器面についたものである。意図的に凹凸を作った櫛歯状工具と原体の形状，器面への作用も似ており，当然その痕跡も櫛状工具の使用頻度が高いときや器面に働く力が弱いときには両者の痕跡はよく似ている。後期の山陰地方にみられる甕の口縁の調整痕跡には原体の識別が困難な場合が少なくない。中期初頭の櫛描文の中にも同様な事例が認められ，櫛描文成立の要因の一端を窺わせる。

櫛描文の出現は，前期末に盛行する多条化した平行沈線文の描出原体が，櫛状工具に代わっただけのものであるが，近畿地方から瀬戸内海沿岸地方にあってはその出現の意義は少なくない。

櫛状工具で描く平行線文や波状文には二つの描出方法があって，土器を回転させつつ櫛状の工具を持った手を固定したり（平行線文），手を上下に動かして（波状文）文様を描出する方法（Ａ）と，刺突文や扇形文などの単体文様と同様に土器を静止させ，工具を持った手の動きを主として描く方法（Ｂ）とがある[3]。近畿から瀬戸内にかけての櫛描の波状文や平行線文は（Ａ）の手法によって描かれており，土器の回転をスムーズにする回転台の利用が考えられている。これによって描かれた櫛描文は（Ｂ）の手法によって描かれる文様に比べ機械的な整然とした文様になり，近畿地方のなかでも中河内地域を中心に華麗な簾状文の土器を生み出している。瀬戸内地方でも平行線文や波状文を駆使した壺が数多くみられる。

回転台の利用は，精美な櫛描文を作り出す一方で，壺の頸部や口縁部，高坏や器台の口縁部，脚部を凹線文で飾ることを可能にした。凹線文は，土器の回転を利用して器面を横方向にナデながら細く窪んだ線を描き出す文様で，中部瀬戸内沿岸地方を中心に発達する。当初は多条の張り付け突帯の間の凹部を強調するような姿から始まり，次第にヨコナデ手法によって描出されるようになっ

たと思われる。中期以後もヘラ描き沈線文と併用された擬凹線文として，瀬戸内沿岸地方では後期終末まで続いている。

九州地方はやや異なっており，中期には櫛描文はほとんど見られず，大型の土器を中心に張り付け突帯が口縁部や頸部，胴部に盛んに付けられている。

4 後期の文様

後期は全体として土器の無文様化が進んで，文様を付すことが少なくなるが，その種類は中期以上に豊富で，スタンプ文を施す土器なども加わり，地域ごとに多様な差がある。

近畿地方では中期の名残をとどめた文様が器台を中心に古い段階にはみられるが，広口壺の一部に凹線文や張り付けの浮文がわずかに残ることと，竹管によるスタンプ文が和泉から紀伊を中心にみられることを除けば，各地で無文様化が典型的に進む。

山陽地方では各種土器の口縁部，器台の脚部に凹線文や擬凹線文，ヘラ描きの鋸歯文がみられ，長頸壺の頸部に沈線文が描かれる。この沈線文は凹線文と呼ばれることもあるが，ヘラ描きの沈線文であり，中期の凹線文とは区別される。また，主に墓に供えられる特殊な器台や壺は，タガ状の突帯や独特の直線と曲線を組み合わせた線刻文様で飾られる。

山陰地方の文様も似た傾向を持つが，先述のように櫛状工具によるものか，ハケ状工具によるものか区別できない平行線文や波状文が，壺や甕の口縁部・肩部を中心に付けられ，後期終末まで続いている。また，貝殻腹縁による押圧文も見られ，中国山地まで運ばれている。この他に鳥形をしたもの，あるいは渦巻状のものを２個継ぎ合わせて横へ並列した文様，竹管による円形のスタンプ文も認められ，山陽地方の類似資料との関わりも注目される。

瀬戸内沿岸西部から九州北東部では，櫛描文を中心にした文様が，発達した壺の口縁部や胴部に盛んに付けられており，独自の分布圏をなしている。この櫛描文は，波状文を主とし先述した瀬戸内沿岸地方に一般的な（Ａ）の手法による描出ではなく，手の動きを主とした（Ｂ）の手法によるものである。愛媛県文京遺跡[4]では，縦方向の櫛描き波状文と張り付け突帯を施した壺が出土して

60

おり，明らかに回転台から施文法が分離したことを窺うことができる。

九州西南部には平行沈線文や重弧文を付けた免田式が古くから知られていたが，最近，有明湾岸で櫛描きの平行線文や波状文を付けた壺の出土例も散見されるようになっている。この櫛描文も一瞥した限りでは（B）手法による描き方である。

上述のように無文様化が進むとされる後期にも，細かな地域圏を形成しながら多種多様な文様が存在している。

5 おわりに

土器の形と文様は，器の用途とその製作技術，社会的な需要，さらには当時の生活思想との相関関係の中で，これらを規定する人間の社会関係や集団関係の変化を敏感に反映させている。その変化を規定するものがどのようなものであるのかは簡単には語れないが，前期の雷文や木葉状文，中期に盛行する櫛描文，後期末の墓に供献される特定の土器の弧線と直線の組合わせ文などは，単なる流行以前に源流となる文化の影響や土器製作技術の推移と関わる施文，さらには何らかの霊力をこめられた呪的な文様と考えざるを得ないものがあることは事実である。

上記の概説はその土器研究の周辺を粗くなぞったに過ぎないことを記しておきたい。

註

1) 藤田憲司「中部瀬戸内の前期弥生土器の様相」倉敷考古館研究集報，17，1982
2) 高橋 護「入門講座弥生土器―山陽1」考古学ジャーナル，173，1980
　氏の著述では櫛描文のある土器を門田上層式として前期末に位置づけているが，筆者は当該資料の時期について中期初頭の可能性を考えており，その評価はまだ検討の余地を残している。
3) 佐原 眞「弥生土器製作技術に関する2・3の考察―櫛描文と回転台をめぐって―」私たちの考古学，20，1959
4) 愛媛大学・松山市教育委員会「文京遺跡」『松山市文化財調査報告』第11集所収，1976

東日本の弥生土器の文様

福島県文化センター
■ 芳賀英一
（はが・えいいち）

―渦文土器の系譜―

南御山，野沢，足洗式などに代表される東日本の渦文土器の出現は，縄文晩期以来の東西の土器の移動と密接な関係が想定される

東日本，とりわけ最近の東北地方各地における弥生前期遠賀川系土器群の相次ぐ発見は，従来のこの地方の弥生時代観を一新させるもので，今後の研究の情勢も新しい局面を迎えたと言っても過言ではあるまい。

この種の土器が比較的古くから注意されていた福島県鳥内遺跡出土の壺を観察してみると，体部上半の形態・文様ともに遠賀川式の伝統を感じさせるが，体部下半には，大洞A′式からの伝統であるLR縄文が施文されており，遠賀川式土器を手本にこの地方で模倣製作されたことがわかる。最近，福島県荒屋敷遺跡で削り出し突帯を有する搬入品らしい壺が発見されたが，東北地方各地で発見されている遠賀川系土器の多くは，実は鳥内遺跡例と同様なプロポーションを有し，また畿内方面と比べて極端に大型であり，口縁部の屈曲に共通の特色をもつ模倣品と考えられる。

突如とした遠賀川系の大型壺の出現背景には，西日本からの大きな動きとともに，この地方で晩期段階に比べて壺の組成比率が極端に高まっていることに示されるように，壺を必要とした社会的側面を十分に考えなければならない。また，こうした西日本からの土器の移動の背後には，縄文時代以来の東西の情報交換ルートの基線上に立脚していることも忘れてはならない。

ここでは，東日本の弥生土器の中で南御山2式，野沢2式，足洗式などに代表される渦文の出現が，縄文時代晩期以来の東西の土器の移動と密接な関係があると判断し，その系譜を考えてみようと思う。

1 弥生土器渦文の出現

渦文は，縄文早期沈線文土器のモチーフとして出現して以来，縄文土器の伝統的かつ代表的なモチーフであることは周知のところである。弥生土器をみてみると，西日本では，奈良県唐古遺跡の

壺・鉢に彩色の渦文があり，東日本では，北関東から東北南部地方を中心に壺の体部上半のモチーフとして渦文が顕著に認められる。東日本の弥生土器の渦文については，すでに中村五郎氏[1]によって実態が明らかにされており，また馬目順一氏[2]，鈴木正博氏[3]，大竹憲治氏[4]によっても卓見が示されているところである。

図2に示した福島県鳥内遺跡の壺の渦文をもとに，東日本弥生土器の渦文の出現背景を考えてみよう。この資料[5]は，再葬墓出土の壺（高さ 33.5 cm）で，体部上半に頸部の変形工字文の交点からのびるものと，体部中央の変形工字文の交点から のびる2組でそれぞれ3単位の渦文を有する。各単位の渦の巻き方を逆にし，隣りどうしの渦は相対渦文となっており，渦文部は地文の縄文が磨り消されている。御代田遺跡でも丸底の鉢の体部下半に，変形工字文の交点からのびる相対する渦文と，小型壺の体部下半に，渦に極めて近い相対するフック状のモチーフがみられる。

福島県滝ノ森遺跡などの体部上半を広く占有する渦文が，鳥内，御代田遺跡の系譜を引くものと考えられていたが，御代田式期に先行する岩手県東裏遺跡，茨城県大沼遺跡，千葉県殿台遺跡などの渦文の存在が最近注目されている。東裏では，

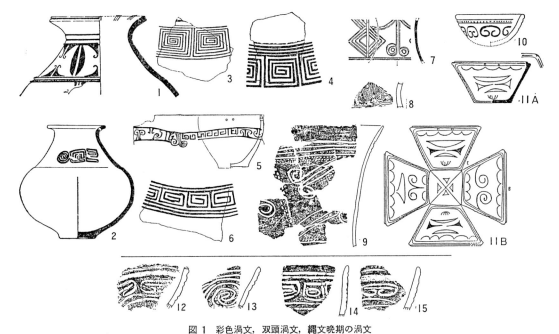

図1 彩色渦文，双頭渦文，縄文晩期の渦文
1〜6：奈良県唐古，7：東京都田原，8・9：千葉県殿台，10：新潟県延命寺原，11：新潟県朝日，12〜15：福島県金山

図2 渦文展開模式図[6]（福島県鳥内遺跡）（縮尺1/6）

壺形土器の体部上半に頸部の変形工字文から連なる鳥内例と似た相対する渦文が施文され，大沼では鉢の体部下半に御代田の丸底鉢と同様な渦文が施文されている。殿台の渦文は，すでに鈴木正博氏の分析が示されているが，2例ともいわゆる双頭渦文である。双頭渦文は，奈良県唐古遺跡の彩文土器をもとに小林行雄氏によって命名分析されており[6]，東日本では東京都田原遺跡，前述の殿台遺跡をはじめ東北地方南部にまで数例知られている。東日本の弥生土器の出現期の渦文の特徴は，鉢の場合体部下半に，壺の場合には体部上半に，それぞれ変形工字文の交点からのびるように渦文が施文され，また一部に双頭渦文が存在することである。

唐古遺跡の彩文土器の渦文を観察してみると，壺の体部上半のモチーフとして，鳥内遺跡例のように弧をえがいて隣りどうしの渦が近接しあい，渦が別方向に巻き合うもの，相対する渦を施文したもの，同一方向巻きの渦を並べたもの，それに双頭渦文がある。各渦は，単独で施文される例はまれで，文様帯上下の直線文からのびている大きな特色がある。前述した東日本弥生土器の出現期の渦文と唐古遺跡の彩文の渦には，相対する渦，他の文様から渦をのばしていること，双頭渦文の存在といった共通の特色がみとめられる。とくに東日本の渦文の成立に，双頭渦文，相対渦文が関与していることを重視すれば，西日本からの影響によったものと判断したいがいかがであろうか。

唐古の渦文は，西日本の伝統の中で成立したモチーフと考えるより，むしろ東日本の影響によって成立したものと考えられる。東日本の縄文晩期から終末にかけて渦文を有する土器があることは以前から注目されている。そのうち，新潟県朝日遺跡，同県延命寺原遺跡，福島県金山(かねやま)遺跡の渦文土器を図示したが，朝日遺跡の方形の鉢の体部には，相対する渦文と双頭渦文が施文され，延命寺原，金山では浅鉢の体部に沈線で弧状文をえがき，その先端を渦文としている。こうした資料が唐古の渦文の系譜のひとつになっているのではないだろうか。朝日例は大洞C_2式，延命寺原，金山は大洞A式の古い段階と考えられ，延命寺原，金山遺跡のモチーフの初源と判断されるものが，福島県権現堂(ごんげんどう)遺跡など福島県西部から新潟県の大洞C_2式の浅鉢体部モチーフに散見される。もちろん畿内から遠く離れたこの地域の資料が直接影響を与

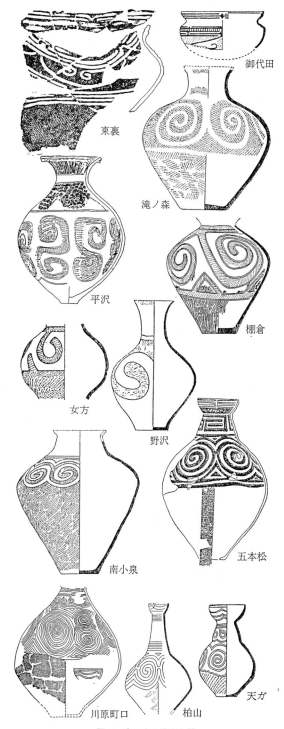

図3 東日本の渦文土器

えたとは考えていない。この地域も発生地域のひとつと考えられる浮線文系土器群が大洞A，A′式期に急速に西へ広がっていき，断片的ながら，畿内・瀬戸内地域にまで分布しているという。浮線文土器分布地域の東半では，工字文地帯の影響も

63

あってか文様の規制が強く，浮線文と渦文を併用したものはほとんどみられないが，畿内に隣接した中部地方の土器群の中には，長野県御社宮司，うどん坂Ⅱ，岐阜県阿弥陀堂遺跡などのように体部文様帯下端の渦文がしばしばみられるのであり，この中部地方を介在させて唐古の渦文が成立したと考えるのである。唐古の弥生前期資料の中には，工字文をもつ鹿角製品，工字文状の彩文など東日本からの影響を感じさせるものがあり，また彩文を考える時，北九州方面からの動きとともに東日本晩期終末の卓越した土器の赤彩，漆工技術も考慮しなければならないであろう。

2 渦文の系譜

　もともと東日本の縄文土器のモチーフであった渦文が西へ伝わり，そして新しい動きとともに東日本へ伝わってくる。中部地方では愛知県周辺の大地式とよばれた土器群，長野県十二ノ后遺跡の人面土器，南関東では神奈川県平沢遺跡の壺形土器にその後渦文が採用される程度で，北関東から東北南部を除いて渦文のモチーフは発展しなかった。その理由を考える時，渦文の発展する地域で，初期の段階で種々の器種に渦文を採用していたものが，その後壺の主体的文様となっていることは示唆的である。周知のように中部・南関東の壺は，東海の条痕文土器群の何らかの影響をうけて成立している。渦文の発展する地域は，この影響がうすく，また伝統的な工字文地帯の南端に位置している。大洞A′式後半には体部文様帯の幅が広がり，またこの時期に大型壺が多数出現し，有文壺の体部上半の空間を埋めるように渦文が採用され発展したのであろう。また同時に間延びした変形工字文間にアクセントをつけるように，はやくから磨消縄文手法が取り入れられている。

　御代田・鳥内遺跡例では，先端の渦が小さかったが，その後滝ノ森のように渦が大きく拡大してくる。滝ノ森の渦文土器は，縄文施文ののち削りとるように縄文を磨り消して渦文を表現している。このような手法の渦文は福島県宮崎遺跡，茨城県小野天神前遺跡でも確認されている。渦文が体部上半で大きく拡大してくると，渦どうしの間には三角形の空間が生じてくる。福島県棚倉遺跡の古くから著名な壺の場合には，井上国雄氏の分析[7]によると，相対する渦文とともに，空白部を補う三角形の区画文が明確に出現している。南御

山2式以前では，初期の段階の伝統を守るように，渦文は頸部，あるいは体部上半部上下の分帯の沈線，縄文帯から連なっているのが主流であったが，南御山2式期では，渦がそれらから明確に独立し，また渦間を重三角文などで埋めるのが一般的となり，相対する渦文のほか，各種の渦のバラエティーがみられる。南御山2式までは，渦間の磨消縄文手法，充填縄文手法，沈線間の赤彩がみられたが，その後，これらの手法は採用されなくなる。南御山2式以後，渦文は壺形土器の体部上半だけでなく頸部にまで施文されることがしばしばあり，沈線間隔が次第に狭くなり，川原町口式期段階およびその直後では，渦文を施文する地域が，東関東から東北中部にまで広がっていく。渦文の広がりによって，続縄文土器の一部に渦文を生じさせるが，東日本の弥生土器の渦文も天王山式およびその直後でもって消滅する。

3 あとがき

　これまで東日本の弥生土器の中で渦文土器を取り上げ，その成立の背景を中心に論を進めてきたが，紙数の関係上意をつくさない点も多い。渦文の発生に西日本の弥生土器が関与すると考えることは多くの疑問が残るかも知れないが，大型壺の出現背景を考えあわせる時，元々の伝統の少ない器種を保持し，しかも工字文のモチーフを変化させながら継承させ，そして数世代前に渦文を使用していたことが，組み合わさってこの地域での渦文の採用となったのではないだろうか。

　最後に種々ご教導をいただいた目黒吉明，中村五郎の各先生にお礼申し上げます。

註

1)　中村五郎「東北地方南部の弥生式土器の編年」東北考古学の諸問題，1976
　　中村五郎『畿内第Ⅰ様式に並存する東日本の土器』1982
2)　馬目順一『岩代陣場遺跡の研究』1971
3)　鈴木正博「赤浜覚書」常総台地，9，1978
4)　大竹憲治『道平遺跡の研究』1983
5)　目黒吉明ほか『福島県石川町鳥内遺跡調査概報』1971
6)　小林行雄『大和唐古遺跡の研究』京都大学文学部考古学研究室報告 16 冊，1943
7)　井上国雄「棚倉式土器の精査」福島考古，20，1979
8)　渦文土器の展開模式図は石川町教育委員会，目黒吉明氏のご好意により掲載させていただいた。

弥生土器の絵

橿原考古学研究所
橋本裕行
（はしもと・ひろゆき）

祭祀に用いるための土器に絵を描く人々はあらかじめ限定され
ており，それらの人々自身がシャーマンであった可能性もある

奈良県唐古・鍵遺跡出土の弥生土器に，鹿の絵が描かれていることが知られたのは大正末年頃のことであった。以後，60数年が経過し，現在では，関東から九州に及ぶ66遺跡から150点以上の絵画土器が報告されており，その数は年々増加する傾向にある。

弥生土器絵画の年代・分布・画題・表現法・器種・銅鐸絵画との比較などについては，すでに佐原眞によって詳細な検討が行なわれているが[1]，その後の資料の増加にともなっていくつかの修正すべき事実や新知見が追加されている。本稿では，それらを考慮したうえで弥生土器絵画について概観する。

1 年代と分布

年代 従来の指摘どおり，絵画土器はⅣ期に盛行する。しかし，福岡県吉武高木遺跡から2頭の鹿（7）が描かれた金海式甕棺が出土し，日常の容器とは異なるものの，絵画土器の上限がⅠ期に遡る可能性が出てきた。畿内においても，大阪府森小路遺跡から人形が描かれた第Ⅱ様式の壺形土器（35）が出土し，Ⅲ・Ⅳ期以前の絵画が知られるようになった。

下限については，従来の見解を変更する資料はないが，奈良県上ノ山遺跡の長頸壺にはスッポン（20）・水鳥（16），愛知県亀塚遺跡の壺形土器には人面（36）が描かれた例が知られるようになり，画題が豊富になっている。

分布 分布の西限は宮崎県，東限は神奈川県である。分布の中心は奈良県と大阪府であり，とくに大和盆地南部の遺跡より多数の絵画土器が出土している。昭和61年の夏に調査された奈良県清水風遺跡では一度に28点もの絵画土器が出土し，唐古・鍵遺跡の出土量と肩を並べている。

2 画題

鹿・魚・鳥・スッポン・竜・その他の動物・人物・建物・舟（船）・戈などがあるほか，何を表現したものか明確にはできない線刻画などもある。また，これらの画題を組み合わせて絵巻物風に構成されているものもある。

鹿 最も多い画題で54例が報告されている[2]。吉武高木遺跡例と三重県上箕田遺跡のⅤ期の例（52）を除けば，大半はⅢ・Ⅳ期に属する。右か左向きの姿を描いたものが多いが，大阪府西ノ辻遺跡例（4）のように上向きのものもある。頭部や角が描かれているものは43例あり，頭部に角がないものはそのうちの4例にすぎない。このことから，描かれた鹿の多くは牡鹿であったことがわかる。

魚 5例が報告されている。唐古・鍵遺跡の2例（8・9）と兵庫県下加茂遺跡例（11）は，銅鐸に描かれた魚によく似ている。面白いことに，銅鐸鋳型が多数出土した大阪府東奈良遺跡例（12）は，尾鰭や腹鰭の表現法が銅鐸絵画の魚とは異なっている。土器の絵ではないが，大阪府亀井遺跡出土の銅鐸形土製品に描かれた魚（13）は，腹を上に向けて描いた珍しい例である。

鳥 7例が報告されている。時期の明らかな6例中，奈良県坪井遺跡（15）と大阪府瓜生堂遺跡（17）の2例がⅣ期で，他はⅤ期である。宮崎県下那珂遺跡の飛翔する鳥（18）を除けば，銅鐸絵画と同様の2本足で立つ姿が描かれており，水鳥を表現したものと思われる。

スッポン 上ノ山遺跡出土の長頸壺に水鳥とともに描かれた1例が知られるのみである。

竜 7例が報告されている。Ⅴ期になって現われた画題のようである。大阪府恩智遺跡例（25）も竜が簡略化されて表現されたものと思われる。7例中には含めていないが，岡山県加茂遺跡出土の器台形土器に描かれた「蛇体人面文」（14）も竜を表現したものなのかもしれない。

その他の動物 鹿と断定できない四足獣や水棲昆虫のようなものなどがある。東奈良遺跡例（29）は鹿？とされているが，鹿の特徴である長い首と角がなく，鹿と断定することには躊躇する。奈良

県四分遺跡例(27)も鹿とは断定できない。福岡県小葎遺跡例(28)は前・後各1本ずつの足を2本の沈線で描いている点，他の絵画に比べ写実的である。一見すると馬のようにも見えるが定かではない。唐古・鍵遺跡(30)や下那珂遺跡(31)には，水棲昆虫風の絵画がある。これらの大半は，土器に絵を描くという流行が下火になるV期に属する点で興味深い。

人物　人面のみが描かれているものを含め，18例が報告されている。亀塚遺跡や岡山県一倉遺跡(37)の人面には文身のような表現がある。香川県仙遊遺跡[3]の石棺蓋に描かれた人面にも同じ表現があり，広い地域で類似した表現法が認められることは興味深い。『魏志東夷伝』倭人の条の「鯨面文身する」という記述に通じるものがあるのかもしれない。

共通するもう一つの構図に手を挙げた人物がある。清水風遺跡の人物(34)は，両腕からマントのようなものをたらし，胸に動物を象った衣服（刺繡をした衣服？）を着ているようにも見え，左側に2人の人物を従えている。民俗例では，シベリアのシャーマンがこのような服装をするという[4]。坪井遺跡例(33)も鳥装をしたシャーマンを描いたものとする説[5]がある。両者を含めた人物のうち9例までが挙手の構図であることを考慮すれば，これらの絵はシャーマンにとって最も重要な行為の一場面を表現したものなのかもしれない。

建物　26例が報告されている。銅鐸絵画とも共通する唐古・鍵遺跡出土の切妻式で棟持柱をもつ高床建物の絵(43)は著名であるが，岡山県雄町遺跡(42)や奈良県中曽司遺跡(40)例などから，寄棟造りの掘立柱平屋建物を描いたものも知られるようになった。また，中曽司遺跡例には竪穴式住居のような表現もみられる。

舟・船　11例が報告されている。唐古・鍵遺跡(44)や鳥取県稲吉角田遺跡(55)例のように数名の人物が漕ぐ舟と，清水風遺跡例(45)のようにたくさんの櫂が描かれた船の表現がある。坪井遺跡例(46)や岡山県城遺跡例(47)などは後者に属するものと思われる。V期の例としては，静岡県三和町遺跡(48)のものがある。櫂の形は，どの地域においても木の葉状に描かれる点で共通している。

戈　長崎県原の辻遺跡の1例(49)が知られるのみである。土器以外では，佐賀県川寄吉原遺跡出土の銅鐸形土製品に戈を持つ人物(38)が描かれている。

組み合わせの構図　絵画の中には，いくつかの画題を組み合わせたものがある。人・鹿・矢印の組み合わせ(51・52)は以前から注目されているが，鹿と建物を組み合わせたものも6例ほどある。清水風遺跡出土の水差形土器には左向きに走駆する2頭の鹿と寄棟造り掘立柱平屋建物1棟が描かれているが(54)，その2頭目の鹿と建物の間には左上りの沈線が8本ほど描かれていて，あたかも建物の方向から走駆する鹿をめがけて矢が射かけられているようにも見える。絵画土器の大半は破片の状態で出土し，全景がわかるものは少ないが，この清水風遺跡例や稲吉角田遺跡例(55)などを考慮すれば，本来はいくつかの絵が組み合わされて一つの構図をとっていたものが多かったのではないだろうか。

3　表現法

鹿の向き　54例の鹿の向きの内訳は，右向き17（約31.5%），左向き33（約61.1%），左右両方を向いているもの1（約1.9%），上向き1（約1.9%），不明2（約3.7%）[6]である。鹿は左向きに描かれる傾向が強く，右利き優勢の社会の自然に適っているという従来の見解[7]とこの結果の間には少しも矛盾するところがないようにもみえる。ところが，もう少し詳細に検討してみると，54例中22例は奈良県内より出土したものであり，しかも，22例中左向きが20例（約90.9%）を占めている。奈良県内出土のものを除いた32例中，右向きは15例（約46.9%），左向きは13例（約40.6%）となり，両者の割合はほぼ等しくなる。したがって，左向きが断然優位な傾向を示すのは大和の鹿に限られ，他地域にはあてはまらない。他の画題の向き

神奈川県〔伊勢山遺跡：51〕，静岡県〔三和町遺跡：48〕，愛知県〔亀塚遺跡：36〕，三重県〔上箕田遺跡：52〕，奈良県〔唐古・鍵遺跡：1・2・8・9・21・30・32・39・43・44・56，清水風遺跡：10・34・45・54，坪井遺跡：15・33・46，上ノ山遺跡：16・20，四分遺跡：27，中曽司遺跡：40〕，大阪府〔瓜生堂遺跡：3・5・6・17・41，東奈良遺跡：12・22・29，西ノ辻遺跡：4，亀井遺跡：13，船橋遺跡：23，池上遺跡：24，恩智遺跡：25，森小路遺跡：35〕，兵庫県〔下加茂遺跡：11，川島川床遺跡：53〕，岡山県〔加茂遺跡：14，百間川原尾島遺跡：19，天瀬遺跡：26，一倉遺跡：37，雄町遺跡：42，城遺跡：47〕，広島県〔新迫南遺跡：50〕，鳥取県〔稲吉角田遺跡：55〕，福岡県〔吉武高木遺跡：7，小葎遺跡：28〕，佐賀県〔川寄吉原遺跡：38〕，長崎県〔原の辻遺跡：49〕，宮崎県〔下那珂遺跡：18・31〕

弥生土器の絵[13]

にも注目してみると，5例の魚のうち奈良県内出土の3例は左向き，他の2例（大阪・兵庫）は右向きに描かれていて，鹿の向きと同じ傾向を示している。これは，単なる偶然の一致とは思えない。大和の鹿のみが左向きに描かれる傾向にあるという要因は，現状では明確にできないが，22例の鹿は唐古・鍵遺跡と清水風遺跡から出土したものに限られるということが一つの鍵を握っているようにも思われる。この二つの遺跡は，600mほどの距離を隔てて相接しているので，ことによると22例の鹿は同一の描き手，または，作風を共有する複数の描き手によって描かれたためにこのような傾向を示したのかもしれない。画題の向きには，今後とも注目する必要があろう。

体内充塡　人物・動物の体の部分や建物の屋根などを空白にせず，そこに一方向の斜線か斜格子文を充塡するものがある。「塗抹技法」とも呼ばれるこの表現方法には，斜線で空間を埋めることによって装飾的効果を高めたり，輪郭に囲まれた面に密度をつけて実在感を表現しようとする意図があったらしい[8]。ところで，この体内充塡された斜格子文には，//→※，\\→※，不規則なものの3種類の描き方がある。ちなみに鹿や鳥の向きと斜格子文の描き順の関係を検討してみると，奈良県外の出土例で右向きのものは，東奈良遺跡の1例を除けば，すべて\\→※に，また，左向きのものは例外なく//→※という順で描かれている。奈良県内出土のものは，唐古・鍵遺跡第3次調査出土の2例と戸田秀典氏所蔵の1例（2），それに清水風遺跡出土の7例を実見したのみであるが，磨滅が顕著で描き順の不明な1例を除き，左右の向きに関係なくすべて\\→※という順に描かれている。右利きの人の「×」印の描き順の統計をとると／→×が多く，左利きの場合はその逆となる。したがって，奈良県以外の斜格子文の描き順は手の素直な運動とほぼ一致するが，奈良県内のものについてはまったく当てはまらないという結果が出たことになる。右利きの人は左向きの鹿の方が描きやすく，その場合，体内充塡される斜格子文は//→※の順で描かれる方が自然であるにもかかわらず，大和の鹿に限って左右の向きの区別なく斜格子文が\\→※の順で描かれていることは何を意味するのであろうか。この斜格子文の描き順の画一性と左向きの優位性との間に認められる相関関係から，ここにも表現法を共有する絵描き

たちの姿が浮び上がってくるのである。

4　絵画と記号

畿内では，Ⅳ期の絵画にかわってⅤ期には記号文が盛行する。記号文は，すでに唐古・鍵遺跡出土の第Ⅰ様式の壺形土器に認められ[9]，恩智遺跡では第Ⅱ・第Ⅲ様式の壺形土器にも描かれ，弥生時代の全期間に存在していたことが知られている。Ⅰ～Ⅳ期の記号文の主体は∧・∨であり，これのみが全期間にわたって広範な地域に分布していることが注目される。前述のように，絵画土器の上限がⅠ期に遡る可能性が出てきたものの，その初期において両者は各々独立した形で描かれており，出現の背景はまったく異なっていたものと思われる。Ⅴ期に盛行する記号文の中には，🐾のように明らかに鹿が簡略化されたと思われるものがある[10]。また，絵画と記号が組み合わされて描かれたものもあり，Ⅴ期に至って絵画の記号化と従来の記号文が複合して，個々の記号に以前とは異なった意味が付加されるようになったようである[11]。文字以前の文字（原文字）と考えられるのもそのためである。

5　出土状態

絵画土器が完形で出土することは稀で，破片の状態で検出される場合が多い。そのため，発掘調査時に絵が描かれていることがわかるものはきわめて少なく，調査終了後の水洗作業時に確認されることが多い。したがって，出土状態が発掘現場で確認され，検討されたものはほとんどなく，出土状態については不明な点が多い。出土地点および層位の判明しているものは85例あり，その内訳は，河川29・包含層24・溝18・土坑と住居址およびその周辺各4・井戸3・墓2・沼状落込み1である[12]。このことから，絵画土器の多くは最終的に溝や河川に廃棄されたものであり，住居址や墓からの出土数が少ないことを考慮すれば，これらが生活に密接する容器や墓前への供献土器として使用されたものでないことは明らかであるといえよう。同様のことは記号文についても指摘することができる。

6　絵画土器の性格

弥生土器の絵は焼成前に描かれることが多く，土器製作時の段階で使用目的が限定されていたこ

とがわかる。おそらく，その使用目的は何らかの祭祀にかかわるもので，その出土状態は，祭祀行為後の廃棄状態を示しているのであろう。

祭祀の実態を明らかにすることは困難であるが，画題がある程度限定され，その中でも鹿が最も多く描かれることから，農耕や狩猟などの生産に関係した祭祀であった可能性が強い。それは，『播磨国風土記』や『豊後国風土記』の所伝[14]や民俗儀礼などによっても裏づけられるだろう。

ところで，祭祀に用いられる土器の絵は，前述のように表現法を共有する絵描きたちによって描かれた可能性が強い。ということは祭祀に用いるための土器に絵を描く人々があらかじめ限定されていて，それらの人々自身が実はシャーマンであった可能性も考えられるのではないだろうか。おそらく，祭祀の中にはさまざまな伝承を説く場面があって，その場面に応じた物語を土器に描き，用いたのだろう。そのように考えれば，組み合わせの構図や手を挙げた人物が多いことなどの意味も素直に理解できるのだが，いささか大胆な発想であろうか……。

註

1) 佐原　眞「弥生土器の絵画」考古学雑誌，66―1，1980

2) １個体に複数の鹿が描かれている場合でも１例として数えた。同一個体と思われる複数の破片に描かれている場合も同様とした。

3) 笹川龍一『仙遊遺跡発掘調査報告書―旧練兵場遺跡仙遊地区』1986，p.12，第９図

4) 甲元真之氏のご教示による。

5) 昭和61年11月１日，奈良県立橿原考古学研究所附属博物館講座室で行なわれた講演会席上での，金関恕氏の発言など。

6) 広島県新迫南遺跡の鹿（50）は，左上を頭部とする考えがあるが，そうすると足先の向きが不自然となるため不明の中に含めた。

7) 註１)文献の p.110，l 2～l 3

8) 的場　勇「弥生土器における線刻画の塗抹技法」岡山大学教育学部研究集録，63，1983

9) 寺沢　薫『昭和55年度唐古・鍵遺跡第10・11次発掘調査概報』1981，図 8―1

10) 網干善教「新沢弥生式遺跡出土の絵画土器について」古代学研究，32，1962

11) 藤田三郎「弥生時代の記号文」考古学と古代史，同志社大学考古学シリーズⅠ，1982，p.132，l 8～p.133，l 5

12) 参考文献は誌面の都合上割愛させていただくが，下記の文献および同文献の参考文献一覧表に大方のものは掲載してあるので，それを参考にしていただ

きたい。

勝部明生・橋本裕行「弥生人のメッセージ　絵画と記号」奈良県立橿原考古学研究所附属博物館特別展図録，26，1986

13) これらの絵は各種報告書，図録などから筆者がスケッチし，トレースしたものであり，その出典は註12)文献の文献一覧表（p.94～p.99）に掲載されている。ただし，56は，藤田三郎「昭和60年度唐古・鍵遺跡第22・24・25次発掘調査概報」田原本町埋蔵文化財調査概要，4，1986，p.37，第31図を転載した。また13・38は銅鐸形土製品に描かれたものである。

14) 『播磨国風土記』の讃容郡の条に，「所以云讃容者，大神妹妷二柱，各競占國之時，妹玉津日女命捕臥生鹿，割其腹而種稲其血，仍一夜之間生苗，即令取殖，爾大神勅云，汝妹者五月夜殖哉，即云他處，故號五月夜郡，……」という讃容郡の地名起源伝承がある。下線部の「捕えた鹿の腹を割き，流れ出る血に稲粒を種いたところ，一夜にして苗が生えたので，それを取って植えた」という記述をもとに，弥生時代にも鹿の血を媒介とした種籾賦活儀礼のようなものが存在したのではないかという説がある（金関　恕「呪術と祭」岩波講座日本考古学４―集落と祭祀，1986，p.297，l 5～l 9）。

〔追　記〕

脱稿後，新たに３点の絵画土器の存在を知るに至ったので，以下に補足する。

①奈良県芝遺跡より，水鳥の描かれた土器片が出土した。水鳥の表現は，坪井遺跡のもの（15）に良く似ている。桜井市教育委員会の萩原儀征氏の御教示による。

②島根県美談神社２号墳丘下より出土した壺形土器の破片に３頭の鹿が描かれていた。その表現は，吉武高木遺跡のもの（7）に類似している。西尾良一・佐々木聖子両氏の御教示による。

③鹿児島県松木薗遺跡からも線刻画のある土器が出土している。庄内式から布留式（古）に併行する時期の所産であるらしい（本田道輝「松木薗遺跡の線刻土器」鹿大考古学会々報，1986）。なお，この資料については，石野博信氏に御教示を得た。

人面付土器

明治大学講師
石川日出志
(いしかわ・ひでし)

人面付土器は再葬墓との関わりをもつ口頸部に顔面表現が加えられたものと，胴部に描かれた西日本的なものの2つに大別される

1 弥生時代の人物表現

　縄文時代の土偶にひき続いて弥生時代にもまた多くの人物表現がみられるが，それらは表現法の違いによって，情景描写・全身表現・顔面表現の三種が識別される。

　情景描写の代表は，大橋家旧蔵伝讃岐国出土例（東博37433）をはじめとする銅鐸絵画である。区画内に狩り・漁・脱穀などを行なう男・女が描かれ，獣・魚・鳥などや高床倉庫などの絵とともに当時の農耕や漁猟をめぐる情景が象徴的に表わされている。銅鐸絵画ほどではないまでも，土器絵画のなかにもこれに似た例がみられる。こうした情景描写は，縄文時代にはほとんどみられないが，朝鮮半島には少数例[1]ながら知られており，これとの関連の有無が注目される。

　全身表現は縄文時代と同様，弥生時代にあっても盛んである。東日本では縄文時代晩期の土偶の伝統を継承した土偶が弥生時代前期にみられ，一部は中期初めまで下るが，以後姿を消してしまう。図3—1は頭部の特徴から結髪土偶と呼ばれ，類品は東北地方一円に分布し，2は頰の文様をほおひげ（髯）にみたてて有髯土偶と呼ばれ，長野県域を中心に中部・関東・東北地方南部に分布している。後者と分布が重なる[2]土偶形の葬礼用容器（図3—3〜13）もあるが，土偶とともに人面付土器と密接に関係するため，あとでまとめて述べることとする。

　西日本の全身表現としては，分銅形土製品・いわゆる弥生土偶・木偶・岩偶があるが，前二者は顔を強調し胴体を簡略化する点で東日本の諸例とは大きな違いがある。分銅形土製品は分銅に似た平面形から名づけられた板状の土製品で，岡山県域を中心として瀬戸内・山陰・丹後に分布し，畿内では大阪府新免・天神山・鷹塚山・亀井の各遺跡で1例ずつ出土したのみで，瀬戸内方面との交流を示す資料として注目されている。中期中頃から後期後半にかけて盛行し，集落内の祭祀儀礼に用いられたものであろうが，古墳時代の幕開けとともに姿を消した祭祀儀礼のひとつなのであろう。地域・時期ごとに変化をみせるが，上半部に隆帯や箆・櫛描きの顔が表現された例（図1—4）が広く認められることから，元来全身を表現すべきものが形式化・抽象化されて上下左右ほぼ対称形の分銅形・板状を呈するに至ったと考えられる。そして分銅形土製品の出自を縄文時代後期中頃の愛知県八王子貝塚例や晩期前半の奈良県橿原遺跡例に求める考えがこれまで出されてきた[3]が，分銅形土製品と縄文土偶の間には時期や形状の隔たりが大きいために，いずれの見解も説得力を欠いていた。

　ところが近年，松山市宮前川遺跡で中期初頭，姫路市丁・柳ケ瀬遺跡で前期後葉の実例が発見され，ようやく初期の分銅形土製品の特徴が判明してきて，縄文土偶との関係解明にひとすじの光がみえてきた。図1に丁・柳ケ瀬例を図示した[4]が，顔表現を欠き，土偶の胴体のような形状である。これが縄文系土偶から型式変化したものであると考えるとき，下半部の特徴に注目したい。脚部を欠き，下端に平坦面を設けるという点はほぼ同時期の中部地方の有髯土偶に共通している。地理的には近いが時期的な隔たりがある橿原例では板状化してはいても脚の表現は明瞭であって丁・柳ケ

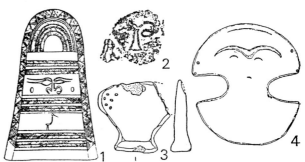

図1　邪視文銅鐸（1）と銅戈の内に描かれた顔（2），分銅形土製品（3・4）
1：木幡氏蔵伝出雲国出土（S=1/5），2：白塔（S=1/2），
3：丁・柳ケ瀬（S=1/3.5），4：御幸寺山山麓（S=1/3）

瀬例との隔たりは大きい。ただし，出自は縄文系土偶にたどれるとしても，分銅形土製品の特性は中期中頃以後に瀬戸内地方を中心に独自の発達をとげた点にあることはいうまでもない。

木偶・岩偶は資料が乏しい。滋賀県大中の湖南遺跡の木偶，鹿児島県山ノ口遺跡の岩偶はともに男女一対である点で，縄文時代の土偶や岩偶とは全く異なった意義があるとみられる。金関恕氏は西日本の弥生時代遺跡から出土する鳥形木製品を魏書東夷伝馬韓条にいう蘇塗を構成する鳥杵と考え，そうした祭場の中央におかれる祖霊像としてこれら木偶・岩偶をあてている[5]。

弥生時代に顔のみを表現した例は，邪視文銅鐸と本稿の主題である人面付土器が代表的である。邪視文銅鐸（図1—1）は中国地方にのみ4例が知られており，鐸身に邪悪・悪霊を威嚇する邪視が描かれている。三木文雄氏は邪視文の祖形を中国青銅器の獣環座のデザインに求めている[6]が，佐原眞氏の反論もある[7]。いずれにせよこの邪視文に似た表現は銅鐸以外にも分銅形土製品に多くみられ（図1—4），山口県天王遺跡では皮袋形土器，大阪府亀井遺跡では壺形土器に描かれ，福岡県白塔遺跡（図1—2）・伝福岡県内出土中広形銅戈の内にも類似の顔が鋳出されており，弥生時代中期後葉から後期にかけて西日本一帯に広がりをみせている。

以上のように，弥生時代の人物表現をみていくと，東日本では縄文時代からの伝統を継承している色彩が濃いのに対して，西日本では大陸系とみられる表現が採用され，分銅形土製品のように縄文時代に出自をたどれるものであってもその実質を一変しているという違いがある。

2　人面付土器二種

壺形土器の口頸部に顔面表現が加えられた人面付土器は，顔面付土器・顔壺などとも呼ばれ，1900年に栃木県野沢例（図2—5）が報じられて以来，19遺跡22例が発見されている[8]。ところがこれらとは顔の表現・時期・分布・性格を全く異にする人面付土器が京都府森本・愛知県亀塚遺跡で出土している（図2—10・11）。そこで前者を人面付土器A，後者をBと区別して記述を進める。

人面付土器Aは新潟県緒立・福島県墓料遺跡を北限とし，愛知県市場・福井県糞置遺跡を西限とする広がりをもつが，関東地方に集中する傾向が

ある（図2分布図）。時期的には中期初頭〜前葉に属す例がほとんどであるが，千葉県三島台例は中期後葉，神奈川県上台例は後期に下る例である。糞置例は後期と報じられている[9]が，顔表現の特徴は中期前半の諸例と共通している。広口壺や細頸壺などがあるが，各々が属する土器型式に通有の器種に顔が付されている点は，土偶形容器などとは好対照をなしている。ただし，栃木県出流原（口絵）・墓料・三島台・上台の各例は，胴部は各々通有の特徴をもっているが，顔付近は独特の変形がなされている。顔の表現をみると，顎の隆線と壺の口縁で顔の輪郭を決め，眉・鼻・耳も粘土紐を貼り付けている例が多い。眼と口は図2—2〜4のように円板を貼り付けてその上に羽状・綾杉状・X字状の沈線をひいたものや，1・5〜7のようにそのまわりを沈線で囲み，なかに細かい刺突を充満させたものが顕著である。このほか出流原例は正面にむけて大きく口をあけ，耳と小さな鼻を表わしただけ，福島県滝ノ森第2例（8）は耳だけが明らかで，いずれも顔の表現としては省略が甚しい。また，滝ノ森第1例（7）は相対する二面に顔をもっている。

こうした顔の表情が怪異であることから人面付土器は男性を表現したとの考え[10]もだされているが，同様な顔の土偶形容器のなかには神奈川県中屋敷例（図3—7）や長野県腰越第2例のように乳房を表わすものがあることから考えれば女性の顔と考えるべきであろうし，一方積極的に女性表現をとることがないことも留意しておくべきであろう。人面付土器はすべて通有の壺形土器であるが，弥生時代特有の土器組成は壺形土器の急増によって成り立っていることを考慮するならば，人面付土器は女性表現をとることよりも壺形土器であることが優先されたとみることができるのではなかろうか。

次に人面付土器の役割を考えてみる。まず，これを出土した19遺跡をみると，集落址であることが明らかなのは中期後半の三島台遺跡だけで，他は再葬墓とよばれる複葬制に基づく墓地，もしくはこれに擬せられる遺跡がほとんどであり，出流原・茨城県小野天神前・同県女方の各遺跡では他の壺形土器多数とともに墓坑内に埋置された状況が確認されている。出流原例は直径推定約1.5mの第11号墓坑内に11個体の壺形土器が反時計回りに折り重なるように環状に並べられ，そ

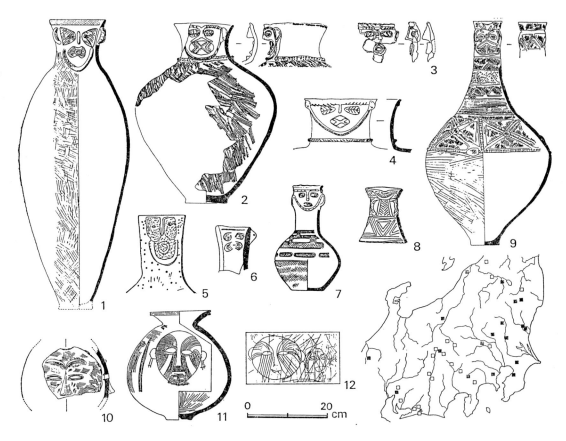

図 2　人面付土器A（1～9）・B（10・11）・石棺材線刻（12）および人面付土器Aと土偶形容器の分布
1：女方，2～4：小野天神前，5：野沢，6：市場，7・8：滝ノ森，9：上敷面，10：森本，11：亀塚，12：仙遊
（分布図中の■は人面付土器A，□は土偶形容器）

のうち最も小さな壺形土器が人面付で，隣の大型壺形土器に寄りかかるかのような状況であった（口絵）。小野天神前遺跡では3例発見されているが，第2号墓坑例（図2—3）は9個体以上のうち1例，第14号墓坑例（図2—4）は7個体のうち1例，第16号墓坑例（図2—2）は11個体の壺形土器が密集して埋置され，その外周をめぐる1例が人面付土器であった。女方第11号墓坑は4個体の壺形土器のうち，唯一直立していたのが人面付であった（図2—1）。

こうした人面付土器をもつ墓坑が，墓地のなかでどのような位置を占めていたかは，その役割を考える手懸りになるが，こうした墓地がどのような構成をとっているのか，各墓坑の造営主体は何かといった点は充分検討されたことがない。しかし，21基の墓坑が検出された小野天神前遺跡では直径約10mの外帯と直径約5mの内帯から成る同心円環状に墓坑が配置されたとの想定も可能である。この想定によれば，内帯は1～3個体の少数土器埋置墓坑のみ，外帯は4～12個体の多数埋置墓坑を含んでおり，人面付土器は外帯の多数埋置墓坑から1例ずつ計3例出土したことになる。そうした観点で出流原遺跡をみると，37基の墓坑は北西・南東ふたつの直径約20mの環状配列を想定しうる。ここでは人面付土器をもつ第11号墓坑は南東環状配列の外帯に属すことになる。女方遺跡は41基の墓坑が密集していて分解するのが難しいが，あるいは直径17m内外の環状配列1個であるかもしれない。ともかく人面付土器を出土した第11号墓坑は墓地の南西のはずれに位置している。総数22例の人面付土器は，小野天神前遺跡の3例，滝ノ森遺跡の2例を除いては1遺跡で1例ずつしか出土していない。女方遺跡では土器208個体以上のうち人面付土器1例，出流原遺跡では118個体以上のうち1例であり[11]，土器100～200個につき1例という稀少さである。唯一，小野天神前遺跡だけは50個体以上のうち3例と高い比率でみられる。

72

図 3 結髪土偶 (1)・有髯土偶 (2)・土偶形容器 (3～13)
1：釜淵D，2：(伝)上伊那郡，3・4：岡，5：上野尻，6：池上，7：中屋敷，8：女与原，9：村尻，10：館，11・12：海戸，13：腰越

また，上に想定した環状配列ごとにみると，小野天神前は1単位につき3例，女方は1単位1例，出流原は2単位1例となり，人面付土器の出現比率は一様ではない。そして再葬墓には副葬品として緑色凝灰岩製管玉が副葬され，その数量は一墓坑あたり10点を越えることはないが，管玉副葬は多くとも全体の1/2.5程度の数の墓坑にしかみられないという片寄りがあって，人面付土器をもつ墓坑は女方遺跡では最多（7点），出流原遺跡では二番目に多い（7点）管玉が副葬されているから特別の扱いを受けていることがわかる。有力者を納骨する容器であろうか。これら人面付土器Aは再葬墓と密接に関わるものであり，佐原氏は祖霊の表現とみている[12]。

一方，人面付土器BはAよりもなお不明な点が多い。森本例は壺形土器の胴部に扁桃形の眼をえぐり出し，眉と鼻は隆帯で表わしており，都出比呂志氏は眉の表現をもとに邪視文との関連を考えた[13]。亀塚例は壺形土器の胴部に細い刻線で怪異な顔を描いている。これとよく似た顔は岡山県新本遺跡の小型鉢形土器・愛知県東上条遺跡の球形土製品・香川県仙遊遺跡の箱式石棺材（図2-12）にも描かれている。やはり邪視に通じる意味をもつのであろう。愛知県内の発見例を含むが，きわめて西日本的といえよう。いずれも弥生後期に属す。

3 人面付土器Aの系譜

前項で人面付土器Aの特徴と役割を垣間見たが，ここではその成立に至る過程をみることとする。

土器に顔面を付ける例は縄文時代にも認められ，中期中頃勝坂式期の中部・関東地方では顔面把手が盛行し，後期後半～晩期初めには東北・関東地方を中心に注口付土器などに顔が描かれた例がかなり知られている。しかし，これらは本稿の人面付土器Aとは全く関連せず，前掲の結髪土偶・有髯土偶・土偶形容器こそがその祖型とみられる（図3）。

結髪土偶は遮光器土偶など亀ヶ岡式土偶の最後を飾るもの，有髯土偶はこれを祖型として在地系の顔面装飾をとりいれたもので，いずれも弥生前

73

期の例が多い。前者は中空例があるが後者はこれがない。土偶形容器（図3—3〜13）は身体表現が有髻土偶と酷似しながらも，主に頭頂部に開口部があって容器として作られており，結髪土偶と人面付土器Aとの中間的な特徴をもっている。1の胴部の形状は3〜13に，1の肩から乳房に至る隆帯は2・9・13の隆帯や3・4の沈線文に変化し，1の脇腹の工字状文は2・9・12のそれに，1の腰部文様は9の磨消縄文や3・4・7・12の縄文帯に受け継がれている。顔の装飾は，眉と鼻のT字形隆線は土偶形容器を経て人面付土器の多くに伝えられ，2の口周辺の重圏文は7・8・10・11・13を経て人面付土器図2—2〜4の円板貼付や図2—1・5〜7の区画内刺突充填文へと変化をたどれる。耳の表現も図3—1→2→6〜8・10・11・13→図2—1・2・4・6〜9と追跡できる。

　こうした変化の流れと，有髻土偶が晩期末浮線文期〜弥生前期に盛行し，土偶形容器が弥生前期〜中期前葉，人面付土器Aが中期初頭〜前葉の例が主であることから，これら三者は系統派生的に順次出現したと考えてよいであろう。しかし，有髻土偶と土偶形容器，土偶形容器と人面付土器Aとは各々時期的に（地域的にも）併存することや，有髻土偶は土坑出土例があって葬礼への参画を示唆するものもあるが生活色を帯びた遺物包含層から出土した例もあり，土偶形容器は中屋敷例のように初生児骨を内蔵していて再葬を思わせながらも成人の再葬との関わりが不明瞭で，人面付土器Aは再葬墓に特有といったように三者の役割が異なっていることからみて，三者を一系列的に捉えてしまうわけにはいかない。葬礼用容器である土偶形容器と人面付土器Aの分布をみる（図2）と各々主従関係が逆転する二地域の色分けができるが，双方の社会における墓制などをめぐる特性の差異を検討したうえで両土器の役割の相関を理解する必要がありそうである[14]。

　人面付土器Aは中期後半以後もわずかながら存続している。しかし，三島台例が集落址出土であるように，方形周溝墓という新たな墓制の採用によって再葬墓はその造営意味を失なった段階以後は，再葬墓と連繋していた人面付土器Aもまたその役割を大きく変質せざるを得なかったものとみられる。

4　おわりに

　人面付土器Aが本来の役割を演じたのは土器型式にして二型式というきわめて短期間のことであった。その装飾にみるように縄文時代晩期以来の伝統を伝えながらも，本体は壺形土器という新生の姿をとっている。旧来の文化要素が残存しつつも急速に変容をとげていくこの時期の様相を象徴的に示しているかのようである[15]。

　註
1) 忠清南道大田出土農耕画防牌形青銅器や小倉コレクション狩猟画肩甲形青銅器。韓炳三（今津啓子訳）「韓国大田出土の農耕画青銅器」えとのす，31，1986など。
2) 土偶形容器は熊本にも一例あり，東日本の実例と驚くほど異和感がない。弥生時代後期らしい。緒方勉「益城町秋永遺跡出土の容器形土偶について」肥後考古，2，1982
3) 江坂輝彌『土偶』1960，小林行雄・佐原眞『紫雲出』1964
4) 長谷川真「西播磨出土の分銅型土製品及び流水文土器について」兵庫県立歴史博物館ニュース，3，1983
5) 金関恕「呪術と祭」岩波講座日本考古学，3，1986
6) 三木文雄「横帯文銅鐸考」古文化談叢，8，1981
7) 佐原眞「最近の銅鐸研究」考古学ジャーナル，210，1982
8) 長野県杏林製薬例・神奈川県ひる畑例は含めていない。
9) 福井県『福井県史　資料編13　考古』1986
10) 大塚初重編『シンポジウム　弥生時代の考古学』1973での藤田等氏の発言など。
11) 各遺跡とも破片を加えれば人面付の比率はさらに低下する。
12) 佐原眞『弥生土器』日本の美術，125，1976
13) 向日市史編さん委員会『向日市史』上巻，1983
14) 荒巻実・設楽博己「有髻土偶小考」考古学雑誌，71—1，1985
15) 挿図中の実測図の出典は紙幅の関係から省略した。なお，有髻土偶・土偶形容器・人面付土器のもつ問題点は，註12）論文と，宮下健司「縄文土偶の終焉」信濃，35—8，1983に詳しいので参照ねがいたい。

弥生併行期の北海道南部

■ 菊池徹夫
早稲田大学教授

■ 及川研一郎
早稲田大学大学院

本州の弥生時代に併行する頃，北海道を中心に展開した続縄文文化は，時期的・地域的にいくつかの文化伝統に分けられる。この中で渡島半島から石狩低地帯にその分布の認められるのが恵山式土器文化（以下，恵山文化と呼ぶ）である。この恵山文化の研究が本格化するきっかけとなったのが昭和20年代後半から30年代にかけての，駒井和愛・桜井清彦らによる森町尾白内貝塚[1]（地図3）と八雲町落部遺跡[2]（地図1）の発掘調査である。ここでは，このうち落部遺跡出土の資料[3]によりつつ恵山文化を概観し，本州北部の弥生文化との関わりに触れてみたい。

落部遺跡出土の恵山式土器[4]のうち，器種の判別が可能なものは231点である。これらは，甕形・浅鉢形・高坏形・ボール－カップ形・壺形の5器種に分けることができる。この組成比率を，近隣の遺跡の組成比率とともに示す（表参照）。

落部遺跡の組成比率は，白老町アヨロ遺跡[5]（地図2）のそれに近似している。アヨロ遺跡では墓壙が多数検出されており落部遺跡と時期的に近いことから，落部遺跡の発掘地点も墓域を中心とする地区であったと推定される。尾白内遺跡（貝塚）[6]では，住居域・作業場とみられる地区が調査された。これらの遺跡で得られた結果を比較すると，尾白内遺跡では甕形の比率が90％と高く，その他の器種の比率が低くなっている。このことから，日常に使用される土器と埋葬に用いられる土器とには，やはり区別があったことがわかる[7]。

一方，恵山文化早期[8]に併行するとみられる二枚橋式土器を出土した下北半島の大畑町二枚橋遺跡[9]（地図5）・脇野沢村瀬野遺跡[10]（地図6）での結果と比較した場合，二枚橋式におけるその割合は50％以下で，落部・アヨロ・尾白内遺跡の数値をかなり下まわる。したがってこの時期には，縄文晩期末に津軽海峡を隔てて認められた地域差がさらに拡大したとみてよいであろう[11]。この煮沸用の器種の量的な差は，単なる偶然ではなく，津軽海峡を隔てた両地域間における食物の種類やその量的な差異および調理法などと関わっていると考えられる。

恵山式期においては，陸上での採集・狩猟，沿岸での漁撈に加え，海獣猟（オットセイ・アシカ・トド・イルカ・クジラ猟）が盛んに行なわれ，生業の重要な部分を担ったと考えられており，恵山式の甕形土器に多量に付着してみられる炭化物を海獣や大型の魚類の脂肪とする説もある[12]。落部遺跡からは台付鉢（甕）の完形品は出土しなかったので，破片は煮沸用として甕に含ませたが，二枚橋式では台付鉢の占める割合がかなり高く，このことからも二枚橋式期と恵山文化前期以降とでは，煮炊きされる物の内容に違いがあったことが推測される。さらに言えば，二枚橋式期では動物質の食糧に依存する割合は後の恵山式期に比べ低く，植物質の食糧への依存率が，より高かったのではないだろうか。水田址が発見され，稲作が定着したとみられる青森県の垂柳遺跡[13]（地図7）やこれに併行する秋田県の横長根A遺跡[14]（地図8）では，壺形の比率が恵山式でのそれを上まわり，津軽海峡を隔てた両地域の生業基盤の違いが器種組成の差異となって現われているとみられる。

このように，恵山式土器と東北北部の弥生土器は組成比率の点では明らかに異なるが，器形・文様の点での類似に加え，恵山式期の遺跡から鉄器・碧玉製管玉・無頸壺・蓋形土器などの弥生系遺物[15]が出土することから，この両地域間には頻繁・密接な交流があったことが理解できる。しかし，恵山文化には，独特の石器である魚形石器（図1）[16]や，縄文晩期に比べむしろ発達し，北方からの影響も考えられる骨角器（図2・3）[17]，縄文文化の伝統を色濃く残した土版（図4）[18]など，独自の文化要素も認められる。さらに，現在のところ恵山式期の北

表　恵山式と東北北部の弥生土器の組成比率

地図	遺跡名	甕形(%)	浅鉢形	高坏形	ボール形カップ形	壺形	備考
1	落部	77.9	7.8	3.9	3.9	6.5	甕形には台付甕を含む。
2	アヨロ	77.6	6.6	+	4.9	10.7	報告書付表より及川が算出。
3	尾白内8A区	92.7	3.5	+	1.1	1.4	甕形には「小形甕」を含む。他に深鉢1.4％あり。
4	大中山5第Ⅲ層	80	15	+	+	6	浅鉢形はボール形・カップ形を含む。
5	二枚橋A1トレンチ	33.2	47.6	12.9	－	5.0	甕形は報告書の「甕」+「台付深鉢Ⅱa類」の数値。
6	瀬野	44.8	34.2	13.6	－	27.0	5に同じ。
7	垂柳	49.7	15.8	5.0	－	27.0	鉢形は報告書の「鉢」+「台付鉢」の数値。他に蓋2.5％あり。
8	秋田・横長根A	45.8	33.0	4.5	－	16.6	

＋は図版などにより出土していると考えられるが数値として明示されていないもの，－は出土が無いと考えられるものである。

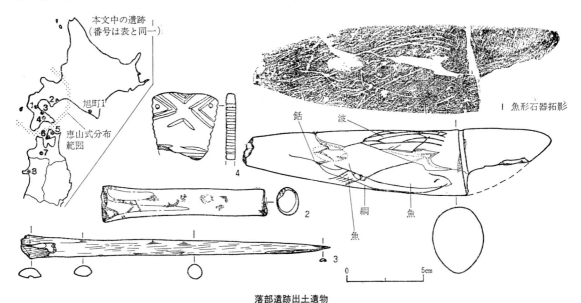

落部遺跡出土遺物
1：魚形石器（重量225g，泥岩製），2：針入れ（ハクチョウ類左上腕骨製），3：針（海棲哺乳類腓骨製），4：土版

海道では，比較的温暖な渡島半島南部においても，稲作の存在を示す水田址の検出は報告されておらず，縄文時代以降，ソバの栽培の可能性が指摘されるに止まっている[19]。

したがって，恵山式期においては，鉄器・碧玉製管玉などは東北北部から移入されたものの，その住居形態や生業基盤である狩猟・漁撈・採集の技術は，多様な石器や骨角器に顕著なように，北海道・東北の縄文文化やさらに北方地域の伝統をも取り込んで成立したと考えられる。縄文晩期に比べ，むしろ遺跡数の増加する恵山文化前期から中期にかけては，稲作農耕を行なうことなく，北海道南部の独自の自然環境と，弥生文化の波及という社会環境に適応しつつ，本州北部の弥生文化に比べ，少なくとも生産力の点では遜色のない独自の文化圏が成立していたとみられる。

註
1) 駒井和愛『アイヌの貝塚』福村書店，1955
2) 桜井清彦「北海道山越郡八雲町オトシベ遺跡」日本考古学年報，15，1967
3) 石器については，ここでは触れられないが，磨製石斧・石鏃・石銛・ナイフ形石器・石錐・敲石が出土している。
4) 及川研一郎「恵山式土器の研究」早稲田大学大学院文学研究科紀要，32，1987
5) 高橋正勝『アヨロ』白老町教育委員会，1980
6) 石本省三『尾白内』森町教育委員会，1981
7) 日高の三石町旭町1遺跡（道埋文報告10）では埋壺群が検出され，縄文晩期末から続縄文初頭にかけて，弥生文化の葬制が北海道に伝播した可能性を示している。
8) 続縄文文化（恵山文化）の時期区分は，菊池徹夫「恵山式土器―続縄文式土器の変遷―」『北方考古学の研究』六興出版，1984による。
9) 須藤 隆「青森県下北郡大畑町二枚橋出土の土器・石器について」考古学雑誌，56－2，1970
10) 須藤 隆『瀬野遺跡』東北考古学会，1982
11) 註 8) に同じ。
12) 千代 肇『続縄文時代の生活様式』ニュー・サイエンス社，1984
13) 三浦圭介『垂柳遺跡』青森県埋蔵文化財調査報告88集，1984
14) 児玉 準『横長根A遺跡』秋田県若美町教育委員会，1983
15) 宇田川洋編『河野広道ノート　考古篇5』によると石庖丁の出土も認められる。
16) 図に示すように本資料の体部には，刻線で絵画ふうのものが描かれている。これらについては図中に示したように魚・銛・波などを表現したものと，現在われわれは考えている。魚形石器は，一般に擬餌錘に起源を持つものと考えられており，この資料にみる刻画も恵山文化にあって漁撈活動がいかに重要な生業であったかを示すものと思われる。
17) 材質については，西本豊弘氏（国立歴史民俗博物館）の御教示による。
18) 上部に一対の孔が穿たれ，ペンダントとして用いられたものであろう。
19) 木村英明「弥生併行期の農耕　北海道」季刊考古学，14，雄山閣，1986

＜付言＞ 落部遺跡出土資料の利用を許された桜井清彦先生，この資料の整理にあたられた藤川繁彦氏，並びに多くの学生諸氏に謝意を表す。

南島の弥生土器

■ 上原　靜
沖縄県教育委員会

ここで述べる南島とは九州以南の島々をさし，南端の八重山諸島までをいう。これら諸島は先学の考古学の業績により北部文化圏（薩南諸島，トカラ諸島），中部文化圏（奄美諸島，沖縄諸島），南部文化圏（宮古諸島，八重山諸島）の三つの文化圏に分けられている。北部文化圏は地理的に本州に近いため常にその影響下にあるが，南下するにつれその影響は希薄になっているようだ。ところで中部文化圏の土器文化のルーツは近年の調査研究により九州の縄文前期に求められ，その後，南島化の道を歩み，そして本題の弥生時代を迎えることが明らかにされている。一方，南部文化圏は縄文および弥生の文化圏外にあり，より南方との関わりが強い独自の文化圏を形成している。中部圏と同化するのは時代の下った歴史時代になってからである。

1　北部文化圏

北部文化圏は南九州に近接しているため中断することなく，弥生時代の各時期の土器が波及している。表にみるように前期は板付Ⅰ，Ⅱ式土器があり，中種子町坂井の阿嶽洞穴遺跡，輪之尾遺跡などから出土し，このころからすでに在地の土器に弥生文化の影響を受けたものが登場してくる。中期は北九州から主として西側を南下する城ノ越式，須玖式系の土器と，東海岸から南九州を含む瀬戸内，東九州系統の土器がある。前者に阿高洞穴遺跡があり，後者に広田遺跡がある。また，南九州の地域性の強い一の宮式土器が分布している。後期には熊本県免田遺跡を標式とする免田式土器がある。

弥生系文物では紡錘車・鉄器が存在し，石器では大型石鏃・砥石・磨製石鏃・方柱状有段石斧・大型蛤刃の磨製石斧がある。籾圧痕の土器は弥生中，後期の数遺跡から出土しており，またオニニシ製の縦切貝輪の南限の事実から弥生の定着が確認されている。現在のところ石庖丁は未発見である。ところで先の石器の様相，遺跡の立地から陸耕的であるという指摘もあり，文化内容が弥生の存続期間をこえていて，南九州の弥生後期文化の地域化の傾向とも強く符合している点で，以南地域を考えるうえでも示唆的である。

2　中部文化圏

中部文化圏は冒頭のとおり奄美諸島と沖縄諸島からなるが，現在のところ両地域の弥生文化の浸透の状況を知る遺跡の様相に差があり，便宜上地域を分けて説明する。

奄美諸島　奄美諸島での弥生土器の発見は20余の遺跡を数える。弥生前期の遺跡は少なく，笠利町サウチ遺跡は代表的遺跡であるが，その土器（高橋式土器）例も

表 1　南島の弥生土器

		薩南諸島	奄美諸島	沖縄諸島　（在地土器）
前期		板付Ⅰ式	高橋Ⅰ式	板付Ⅱ式 亀ノ甲類似土器（真栄里式）
		板付Ⅱ式	高橋Ⅱ式	
中		城ノ越式	入来Ⅰ式	入来式
		入来式	入来Ⅱ式	山ノ口式＜須玖式＞（具志原式）
期		山ノ口式（一の宮式）	山ノ口式	黒髪式
後期		免田式（島峰式）	中津野式	免田式（アカジャンガー式）

＊ 盛園尚孝・河口貞徳・高宮廣衛三氏の編年表をもとに作成。

まだ少ない。中期に至ると遺跡数が増加する。土器は入来式土器，山ノ口式土器があり，量的には後者の山ノ口式土器が多い。この段階になると現地製の弥生土器が生産されるようになる。後期には中津野式土器がみられる[1]。奄美諸島における弥生文化の定着を明確にしたのは前記のサウチ遺跡の調査によってである。当諸島では弥生前期中葉から弥生との接触が始まるようである。この時期の土器は本土からのみの将来品で占め，やがて弥生時代中期初頭に弥生土器と在地の土器の相互影響がみられる。つまり，弥生土器の中に在地の土器文様が施され，また弥生土器の器形を模した在地の土器がある一方，弥生土器の移入もおこなっている。

この時期は概して甕の変化が主となり，壺には変動がない。後期は弥生土器に対する在地土器の影響はほとんどなくなり，前者の後者に対する影響のみが顕著になっている。また在地土器は壺，甕，鉢の器形分化が明瞭である。サウチ遺跡の調査者の河口貞徳氏は上述の土器の変遷過程と弥生系遺物（紡錘車・ふいご・鉄器・磨製石鏃・貝札など），および遺跡の立地などから弥生文化の定着を想定している。

沖縄諸島　沖縄諸島では，近年の発掘調査件数の増加および過去の出土品の見直しなどで30余の遺跡から弥生土器が確認されている。これらは一般に在地の土器のなかに混入するかたちで検出され，土器そのものの絶対量は極めて少ない状況である。これら弥生土器は九州本土のもの，それ以南の地域の変容した土器が混在して現段階で明確に分けがたい。弥生土器は前期後半の板付Ⅱ式土器，亀の甲類似土器が初現で，前半期のものは検出されていない。後半の時期に相当する遺跡に木綿原遺跡，久里原遺跡などがあるが，遺跡数は多くない。弥生中期になるとその数は面的に広がり，奄美以北ともその様相を同じくしている。土器に入来式，黒髪式，山ノ口式土器（須玖式系）があるが，後者が圧倒的な数を占める。後期になると遺跡数が極端に少なくなり，奄美以北の状況と類似する。この時期の土器には免田式土器が知られていて，現在宇堅貝塚，具志原貝塚で出土している。ところで，これまで発見されている弥生土器の器種構成をみると，甕，鉢，壺，蓋などとなっており，高杯はまだ発見されていない。

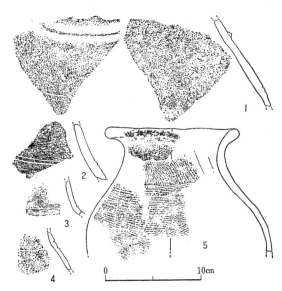

南島の弥生土器（木綿原遺跡出土）

つづいて弥生土器とその影響，文化の定着の問題について触れよう。弥生文化の影響を受ける状況は奄美地域ほど明確ではない。先年，久里原貝塚で現地製作の弥生土器が若干出土すると同時に数例の弥生土器の発見があり，その南漸が予想されていた[2]が，近年になって弥生土器の影響をうけた在地土器とみなされ，注目されているのが糸満市真栄里貝塚出土の真栄里式土器[3]である。この土器は小田富士雄，高宮廣衛両氏によって確認されたものであるが，従来は沖縄貝塚時代後期の新しい段階のものとして考えられていたものである。当貝塚の報告書は未刊であるが，両氏による幾つかの小報告と論文があるのでこれを要約し論を進める。

真栄里貝塚の器種構成は甕，壺からなっている。小田，高宮両氏の指摘するところによると，甕については口縁部が外反し，底部が「くびれ平底」の器形であるという点で，板付II式の影響をうけているが，弥生の技法である口唇部に刻み目を施していない点，刷毛目調整がなく，すべてなで仕上げである点，さらに文様に山形突起の装飾がみられ，縄文晩期系の特徴を合わせ持っている点，壺型は器形的にもなで肩で，南島系そのものである点などを考慮に入れて，在地の土器文化のベースに弥生の影響があったということである[4]。両氏の考え方にたてば，弥生中期相当の遺跡には次のような二面性があったとみなければならない。つまり弥生土器そのものを主体とする遺跡と，在地土器を主体としながらも弥生土器がわずかに搬入され明確な影響をみることが現段階で困難な遺跡の二者の存在である。後期になると在地の土器（アカジャンガー式土器）があり，弥生との接触を示す文物が極めて少ない状況下にある。

高宮氏は真栄里式土器を見て，前代の縄文後期，晩期に比較して甕に対する壺の出土比率が増加する傾向にあること，伴出石器に抉り入り石斧・大型蛤刃石斧・柱状片刃石斧がみられること，そして遺跡の立地が低砂丘地などに存在することを根拠に，積極的に水稲農耕を想定している。しかし一方では，逆に前述の弥生中期相当期の在地の土器に変化がないことと，水田耕作の証拠となる石庖丁や土器のセットに高杯がないこと，炭化米などの穀類の発見がないことなどから弥生文化の定着を否定的にみる向きもある。そのことはすなわち弥生前期に新しい文化と接触した真栄里貝塚，木綿原貝塚人のように弥生文化を積極的に自分のものとして消化し取り入れた人々が，その後点から面として広がり該文化を継承していくのか，あるいは旧来の縄文的生活にふたたびのみこまれ継承されていったのかいずれかであろう。そこで考えられるのは，土器製作技術に関しては前代からの下地があるものの，こと水田耕作となると，高度な技術体系<土木技術と水田経営の知識>であり，一度定着すると簡単に喪失するものとは考えられないことから，前述の新文化を享受した前者の場合は弥生文化総体として定着したことになる。ところで後者の場合は，土器技術や文物にかぎり伝播したという考え方で，そもそも稲作は伴っていなかったということになる。

土器以外の弥生系文物では，板状鉄斧・砥石・ガラス玉・石斧（蛤刃・抉り入り・柱状片刃）・磨製石鏃・土製紡錘車・立岩型ゴホウラ製貝輪・貝札・剣状骨器・箱式石棺墓などが発見され，上記2～3の文物を除いて大方出揃った感はするが，弥生文化そのものの中心をなす水稲耕作については確証がない。石器では石庖丁の場合は弥生文化の定着が確認された北部文化圏ですら未発見であり，土器では高杯が同様である。高杯については本州の場合，弥生以降も長く継承されていくものであるが，わが南島の弥生時代相当以降のグスク時代は米作文化でありながら高杯が認められない。そのことからすると，この器種は南島に馴染まなかった可能性が考えられる。ところで，水田の検出に成功した東北地方では明確な農具が発見されていないという事実があり，遺地にいけばいくほど弥生の文物が該地で品を代え，あるいはセットとして伝播するとは限らないということかもしれない。このように稲作の定着が明確でないのも籾痕土器，炭化米，水田跡が未発見であるからであるが，今後在地土器（弥生土器を含む）の究明とともに，種子分析，花粉分析，プラントオパールなどの科学的調査方法を導入し，その有無をもって総合的に判断していくべきであろう。

本稿をまとめるにあたり，当真嗣一氏から多くの懇切丁寧な教示を得た。記して深く感謝の意を表す。

註
1) 河口貞徳「南島の先史時代」鹿大考古，2，1978
2) 友寄英一郎「沖縄出土の弥生式土器」琉球大学法文学部紀要社会篇，14，1970
3) 高宮廣衛「弥生前期に比定された真栄里貝塚」地域と文化，17・18，1983 ほか
4) 小田富士雄「沖縄における九州系弥生前期土器―真栄里貝塚遺物の検討」南島考古，9，1984

●最近の発掘から

掘り出された弥生の"むら"──神戸市玉津田中遺跡

深井明比古　兵庫県教育委員会

　玉津田中遺跡は明石川の中下流域，兵庫県神戸市西区玉津町田中に位置する。この遺跡は住宅・都市整備公団が開発する田中特定土地区画整理事業に伴い，神戸市教育委員会が昭和53年に実施した分布調査で発見された。遺物は事業地のほぼ全域である約31 ha に散布することが判明し，事前に確認調査の必要があると判断された。

　確認調査は兵庫県教育委員会によって昭和57年4月から開始し，昭和59年度まで行なわれた。その結果，事業地内の約25 ha が遺跡であることが判明した。その後，全面調査を昭和59年度から行なっており，現在に至っている。

1　遺跡の位置と環境

　玉津田中遺跡は瀬戸内海東部の明石海峡付近に注ぐ明石川の中下流域に位置し，遺跡範囲の多くは沖積地および埋没段丘にあたり，当時の海岸線は南方4 km と予想される。

　周辺の遺跡として，南方2.5km 付近には弥生時代前期，畿内第Ⅰ様式古段階の土器が単純に出土した吉田遺跡や，南西3 km には弥生時代の大集落と考えられる新方遺跡がある。新方遺跡では弥生時代中期の住居跡，方形周溝墓，木棺墓などが発掘され，鋳造鉄斧や銅鏃などが出土し，古墳時代の玉造工房跡も検出された。南2 km の出合北山遺跡では帆立貝式前方後円墳を含む5基の古墳が発掘され，奈良時代後半以降の官衙関連遺構が発見されている。さらに南3 km には奈良時代の明石郡衙が推定されている吉田南遺跡がある。

　明石川中下流域は弥生時代以降の遺跡密集地帯であり，玉津田中遺跡は新方遺跡と同様に弥生時代の拠点集落の1つと考えられる。

2　遺跡の概要

　玉津田中遺跡では現在までに弥生時代，平安時代末〜鎌倉時代の遺構が主体をなすことが判明し，古墳時代の遺構や縄文土器もわずかに出土している。

　縄文土器は，十字孔をもつ後期前半の深鉢形土器があり，また旧河道からは晩期終末の2条突帯文土器と弥生前期前半と考えられる壺が伴出関係にある。

　弥生時代では前期前半の円形竪穴住居跡付近から土器とともに赤漆塗の竪櫛が出土した。また弥生時代では中期の遺構が最も多く，竪立住居跡，平地式（掘立柱）住居跡，土壙，溝などが密集している。多量の出土土器には紀伊，河内，摂津，瀬戸内など，他地域の影響が考えられるものがある。このほか，タコツボや石器も多量に出土し，旧河道からは木製品（鋤・鍬・杵・臼・木庖丁・田舟・盤・匙・杓子・織具・弓・木剣・木戈・鳥形など）未製品，用材が多数出土し，ヤシの実も出土した。微高地上の住居北側には方形周溝墓群が築かれ，東西方向には旧河道を挟んだ低湿地には水田が広がっている。

　昭和61年度の発掘で明らかになってきた弥生時代中期の"むら"の様想を説明したい。

3　弥生中期の"むら"

　住居　弥生時代中期の居住区は遺跡南西部の沖積地の微高地にあり，東は旧河道，西は水田の用水路によって区切られ，その範囲は約7.5万 m²（300 m×250 m）と推定される。この居住区には竪穴住居跡約50棟，平地式（掘立柱）住居跡3棟，土壙，溝などが検出された。

　竪穴住居跡は円形が主体で，中央に炭・焼土の入る土壙をもち，その周囲に柱穴がある。これらの住居の多くは建て替えされたもので，周壁溝の数から7〜8回の建て替えが考えられるものまである。

　平地式（掘立柱）住居跡は3棟あり，1間×4間が2棟，2間×5間が1棟検出された。徳政8トレンチで発掘された2間×5間の建物は東西7.9 m，南北3.8 mで，東西方向は用水路と旧河道で区切られ，南北は幅1.5 m，深さ30 cm の溝によって区画されていた。床面にはわずかな盛土が認められ，3ヵ所の焼土があった。遺構内の西方には胴部穿孔された小型〜大型の壺約20個体が横倒しになり，東にはモミの板材（長さ3 m，幅30 cm）やサヌカイト製の石鏃3点が出土した。この平地式（掘立柱）住居跡からの土器は弥生時代中期後半の一括品と考えられる。また土器内の土や床面，溝内の土壌を水洗選別しているが，土器内から炭化米1点，床面からサヌカイト片少量，溝から碧玉製管玉1点が出土している。現段階ではこの建物の性格は不明である。

　墓　弥生時代中期の墓域は居住区の北に隣接している。居住区との区画は不明であるが，東西方向を旧河道によって区切られた4千 m²（40 m×100 m）が推定される。南北方向の細長い微高地に地形に即した状態で，方

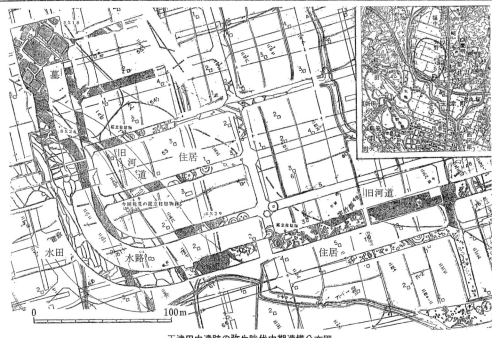

玉津田中遺跡の弥生時代中期遺構分布図

形周溝墓が 28 基検出され，全体では約 50 基の存在が予想される。

規模は 3m×3m から 17m×11m まであり，いずれもマウンドを有する。大型のものは微高地の中央に位置し，周囲に中・小型のものが溝を共有しながら隣接している。

主体部は台状部と周溝内で約 40 検出され，木蓋土壙墓 1 例を除くほかはすべて木棺墓である。とくに周溝内の主体部である 4 号木棺からは 30 歳代の人骨がうつぶせで出土し，腰骨付近から青銅武器の切先が出土した。この青銅器が副葬品かどうかについては不明と言わざるをえない。30 号木棺は内寸 102 cm，幅 29 cm，高さ 37 cm で，棺材すべてが腐食せず残ったものである。なお人骨の残りは悪く，わずかに頭部の痕跡と赤色顔料が検出されたにすぎない。24 号木棺は小口板が深く掘り込まれるタイプで，底板は存在せず，成人の人骨が出土した。このほか，成人の女性？人骨が入った木蓋土壙墓や，長さ 45 cm，幅 18 cm の完全な小型木棺がある。

主な棺内遺物として碧玉製管玉が 19 号木棺で 34 個，25 号木棺で 5 個，石鏃は 3 号・15 号木棺から各 2 点，14 号木棺から 1 点出土した。

水田　弥生時代中期の水田は居住区の西方一帯と東方に一部存在する。西方の水田は上・下層に分かれ，上層水田は約 3 万 m²，下層水田は 5 千 m² と推定される。

上層水田には水田土壌である灰色シルト上に褐色細砂が覆い，時期は中期後半と考えられる。形態は不定形区画水田で，大畦畔状の土手をもつ水路がとりつく。徳政 1 トレンチでは紡錘形の島状高まりが 2 ヵ所検出された。

下層水田は検出が困難であったが，遺存状態の良好な所では長方形の定形小区画水田（2m×3m）が微高地から水路にいたる斜面で検出された。時期は中期前半と考えている。

4　まとめ

玉津田中遺跡の発掘は現在までに，弥生時代中期の居住地，墓地，生産地など，集落構造が判明しつつある。

居住地では竪穴住居跡のほか，平地式（掘立柱）住居跡が当時の生活面を残していた。また旧河道からは多量の木製品が出土し，水洗選別による植物遺体の検出から，生産物や環境を推定しうる資料が増加している。

墓地では方形周溝墓が 30 基近く検出され，溝を共有し，木棺の残存状態の良好な資料から底板が無かったものや，全長が 45 cm 程度の小型木棺が明らかになった。これらの時期は弥生時代中期，畿内第Ⅲ様式期と考えられ，木棺のコウヤマキの年輪から実年代を押さえられる可能性がある。このほか，全体的に木棺が短く，出土人骨はすべて膝が曲げられたものと想像される。

生産地として水田が上・下層に分かれて検出され，それらの形態が大きく異なることは主に地形の制約によるものであると考えられる。

昭和 61 年度までの発掘調査で，発掘予定面積の 4 割強である。ようやく弥生時代中期の"むら"の様子が想像できる資料が整いつつある。今後の調査で弥生時代前期，後期，古墳時代の集落を発掘することになり，玉津田中遺跡での時代毎の集落の推移が判明する可能性が秘められている。

二ノ郷地区方形周溝墓群　旧河道に挟まれた微高地（40m×100m）に約50基が密集しているものと考えられる。

神戸市
玉津田中遺跡

玉津田中遺跡は昭和57年から調査され，弥生時代や中世を中心に多数の遺構・遺物が出土している。昭和61年度の調査では弥生時代中期の遺構が発掘された。竪穴住居跡や多量の土器を伴った平地式（掘立柱）住居跡などが発掘され，方形周溝墓が約30基とそこには遺存状態の良好な木棺が34基出土した。また中期段階の水田が上・下2層で発掘されており，弥生時代中期の"むら"が面的にとらえられた。

　　　　構　成／深井明比古
　　　　写真提供／兵庫県教育委員会

徳政地区弥生上層水田
（弥生時代中期後半）
不定形区画水田が広がり，島状高まりが2ヵ所検出された。この下層には中期前半の小区画水田もある。

神戸市玉津田中遺跡

徳政8トレンチ平地式(掘立柱)住居跡床面からの土器出土状況
胴部が穿孔された壺が多数出土している。

4号木棺内の人骨腰付近から出土した青銅武器の切先(全長48.3mm)

方形周溝墓10,4号木棺成人人骨出土状況
矢印先端に青銅武器切先が出土している。

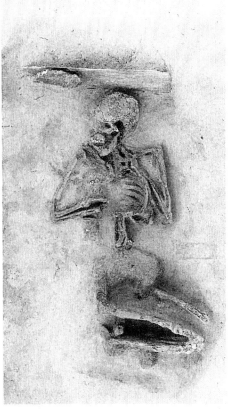

方形周溝墓18,33号木蓋土壙墓成人女性?
人骨出土状況　頭部に小口板2枚があるほかは、蓋板のみ存在した。

方形周溝墓26,30号木棺全景
組合せ式のもので、小口板と側板のはめ込んだ状況がわかる。

長野市塩崎遺跡群

長野市塩崎遺跡群の調査で、当地に波及して来た弥生文化の注目すべき遺構が発見された。それは長野県下初の住居址と墓壙群である。墓壙のうちほとんどが木棺墓と推定される。Ⅰ群19号は2体、Ⅲ群5号は3体の合葬で、Ⅲ群21号には10個の土器が副葬され、Ⅴ群17号は円礫床になるなど多様である。

構　成／矢口忠良
写真提供／長野市立博物館

Ⅲ群5号木棺墓

Ⅰ群19号木棺墓

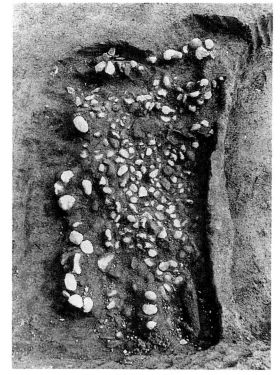

Ⅴ群17号木棺墓

186号住居址

長野市塩崎遺跡群

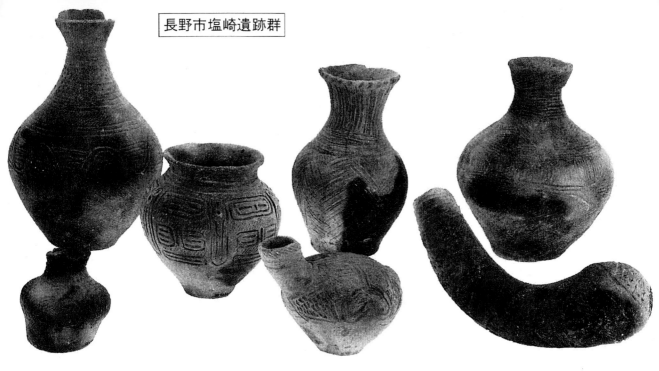

Ⅲ群21号木棺墓出土土器および出土状態

Ⅲ群木棺墓（下段左より5号・21号・6号，上段10号・29号）

●最近の発掘から

弥生文化波及期の遺跡——長野市塩崎遺跡群

矢 口 忠 良 長野市立博物館

　千曲川は，甲武信岳に源を発し，長野県東部・北部の山間地を縦貫し，信越県境から信濃川と名を変える全国一長い河川である。この河川が長野盆地南縁に至ると蛇行を繰り返しながら，これまでに開析して来た土砂を積み上げ，両岸に顕著な自然堤防をつくり上げた。こうして千曲川左岸には，帯状の自然堤防が発達し，上流から今回調査した塩崎遺跡群・篠ノ井遺跡群・横田遺跡群が連なる。これらの遺跡群は便宜的に分けたもので，その性格・内容は同じ傾向のものと考えられ，長野盆地において最も密集度の高い遺跡と考えられている。

　さて今回調査した地点は，塩崎遺跡群のうち長野市篠ノ井塩崎松節（まつぶせ）・伊勢宮・中条・一本木地籍にわたる幅 5 m，長さ623 m の市道敷で，いわば自然堤防南半分を南から中央にかけ縦断する幅広いトレンチ状になる。本調査では，番号を付した遺構だけで，住居遺構 192 軒・土壙墓（木棺墓含）31 基・土壙（井戸址含）113 基・ファイアーピット 3 ヵ所・溝址 33 ヵ所に及ぶ。これらは弥生時代から平安時代にかけてのもので，そのほとんどが重複関係にある。このうち本稿で記述する弥生時代中期前半の遺構は，住居址 18 軒・土壙墓（木棺墓含）30 基・土壙 28 基・溝址 3 ヵ所である。

1　弥生時代中期前半の遺構と遺物

　今回の調査で最も注目されるのは，該期の住居址と土壙墓・木棺墓であろう。これらを中心に紹介する。

　なおこの時期を当地では，弥生文化の波及期または伊勢宮式・新諏訪式期と呼称している。

　住居址　住居址形態は，隅丸方形に近いものが目立つが，部分的調査でその最終形態は定かでない。しかしほぼ全容を露呈することができた 186 号住居址をみると不整の円形を呈する。もちろん該期のもので全体を検出したのは初めてである。規模は南北 4.95 m，東西 5.3 m を測る。検出壁高は東で最も深く 28.5 cm，北で浅く 9 cm である。床面は平坦で 2 面あり，上面は貼床になる。主柱穴は 6 ～ 8 個推定され壁際をめぐる。中央には径55 cm ほどの地床炉が設けられている。この住居址からの出土土器はすべて破片で，上下床面との差異は認められなく，浮線網状文・変形工字文の系譜を引くと思われる土器，遠賀川系土器の伝統をもつもの，移入された条痕文土器そして櫛描波状文・平行線文土器が在地性の強い

土器群に混じって出土している。色調は黄褐色から黒褐色を呈するものが多く，胎土に石英粒・黄雲母の混入が目立ち器面に浮き出すことを特色とする。

　土壙墓・木棺墓　この両者を厳密に区別することは難しいが，調査では一応木口痕のあるものを木棺墓として取り扱った。近隣地域で，今回の調査で検出した木棺墓形態のものは，駒ヶ根市大城林遺跡で見ることができる。しかし東国においては再葬墓の時代と考えられていたため，木棺墓と認知することにためらいがあった。本遺跡の調査で人骨を伴った発見は，東国とくに県下において木棺墓直葬風習の波及があったことを否定できなくなり，さらに新事例が増加するものと期待される。

　調査で検出した遺構を便宜上 V 群に大別したが，小単位でまとまりをもつものか，一群として取り扱うべきものか，また環状をなすものか，さらには周溝をもつ遺構になるものか等々の問題を将来に残している。

　確認面は，地山基盤の黄褐色砂質土層からのものが多く，覆土はこれより黒味を帯びた同質土である。また遺構底面には濃淡の差があるものの赤色顔料が認められ，そして埋納方法が判断できるものすべて屈肢葬形態になるなど共通の要素をもっている。墓壙は，隅丸長方形を呈するものを基本に，楕円形または台形状をなすものもある。主軸の長さは 1.5～2.35 m を測るが，2 m 内外のものが多い。短軸（幅）は，1.5～2.35 m の範囲内にある。木棺部形態も長方形を基本としているものの，主軸 1.0～1.69 m，短軸 30 cm 代～90 cm のものまで各種あり一様でない。木口痕は 1 号に横板痕が認められるが，他は縦板痕を残す。

　I 群は 10 基で構成され，1 号と 3 号には頭・胸部上面付近に拳大の円礫が配される。また頭部の位置方向は，北 2 基・南 1 基・東 4 基あり，埋納人骨も 1 体のもの 6 基，2 体のもの 2 基あり，さらに 25 号は土壙墓が予想され，6 基が重複関係にあるなどその内容にも異なりが見られる。この群内で副葬または着装品が認められるものは 2 号の 1 基だけで，顔面と思われる位置より筒形土製品，頸部より太い緑色凝灰岩製管玉が 13 個出土した。このほか 24 号の脚部付近に骨の集積があり，再葬の可能性がある。

　II 群は，1 基単独で検出されたが，近隣に同期の土器片を出土する土壙があったり，他の遺構検出の際赤色顔

85

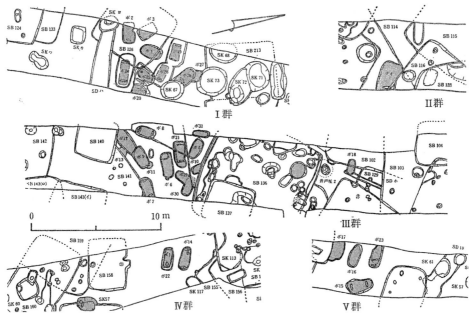

I～V 群土壙墓（木棺墓）分布図（アミ部分）

料が確認されていることからして複数あった可能性がある。

III群は，18号がやや北に位置するもこの群内に入れ14基を検出した。この群もI群同様多岐の内容を含んでおり，頭部の主軸方向が東にあるものが多い中で，北のものが2基ある。そして5基が重複関係にある。他の群にみられない点として，6号と9号の覆土上面には多量の炭化物が散在していたこと，5号には3体合葬され，それも同時埋葬と推察されること，副葬品・着装品から見ると6号・9号に複数の小型土器および管玉が出土し，さらに21号においては2個の異形土器を含む10個の完形土器と管玉2個が出土していることなどが特記できる。21号の副葬品の出土状態は，胸部に水鳥と推定される異形壺形土器が，他は脚部よりの出土で，男根状異形土器を除いては横転していた。これらの土器は，他の墓址出土のものと同様小型品で，儀器として製作されたものであろう。なお本群内に祭祀遺構と称した径1.32m，深さ30cmほどの袋状ピットがあり，底面に口縁部が水平近く内屈する前時代的な無頸壺と壺形土器頸部付近2個体の土器片が敷き詰められており，赤色顔料が認められた。墓壙形態から趣を異にするものの近似的性格が考えられる。

IV群では東側に頭部位置がある並列した木棺墓2基を検出した。群としてはこれより西側に広がりをもつものと考えられる。これに近接して土壙57がある。底面より2対4個の環状把手のある広口壺と体部がソロバン玉形をなす細口短頸の壺形土器が出土しており，在地の土器とは異質のもので，その系譜は東海系土器に求めうる。なお22号の覆土中から土偶片・打製石鏃・環状石斧が出土している。

V群は墓壙群中南端に位置し，I群から約180mの距離にある。確認したもの4基をもって構成し，墓壙群の中央から東端にかけ位置するものと思われる。15号が南北に主軸をとるのに対し，他は東西軸になる。16号は土壙墓の可能性があり，15号と17号は小円礫床となって他群には見られない。副葬品・着装品として15号から管玉2個，17号から壺形土器2個・甕形土器1個が出土している。壺形土器のうち細口長頸壺には変形工字文の遺風を残している。また甕形土器の副葬はこの遺構だけである。

2 おわりに

住居址および墓址を中心に記述したが，未解決の問題が多い点に改めて気がつく。思いつくままに列挙すると，これらは該期集落内ではどのような位置を占めていたか，前記したように果たしてV群に分化が可能か，副葬品・着装品をもった墓址の性格および被葬者の社会的地位，複数埋葬は何故に行なわれたか，そしてその性別と年齢構成はどうなっているのか等々浮かぶ。

最後に時代・時期の点であるが，当地では新諏訪式期（伊勢宮式期），南信の庄の畑式期，関東における須和田式期段階と考えている。

引用参考文献

長野市教育委員会『塩崎遺跡群IV―市道松節―小田井神社地点遺跡』1986

駒ヶ根市教育委員会『大城林・北方I・II・湯原・射殿場・南原・横前新田・塩木北原・富士見―緊急発掘調査報告』1974

考古学と周辺科学 11

文献史学(近世)

近世の文献の多さは必ずしも史料の確実さに結びつくものではなく,その点考古学資料は客観性の高い史実を明らかにできる

仙台坂遺跡調査会　菊地義美
(きくち・よしみ)

　最近の歴史考古学のめざましい発達は,日本近世史の研究にあらたな展開をもたらすものと考える。
　周知のように江戸時代の文献は,それ以前にくらべると非常に多い。それゆえ多様な研究を可能にしているともいえるが,文献の多さはかならずしも史料としての確実さに結びつくものではないから,文献史料の使用に際しては,より客観的に史料批判がおこなわれる。しかし,文献史料のなかには,記録者の主観的な意図がひそんでいることもすくなくないから,研究対象によっては,史料的に限界を生じることがある。この点,考古学の手法によって得られる史料は,遺構や遺物に対する研究者の分析・考証が正しい限りにおいて,文献史料からは得られない客観性の高い史実を明らかにすることができよう。
　いわば,文献史料は司法における自供・証言に,考古学史料は現場検証によって各々得られる資料にたとえることができる。
　ことに研究対象が災害にかかわる場合,たとえば広島県の草戸千軒や長野県の浅間山噴火による埋没地域の例が示すように,このことを伝える記録は,当時の見聞もふくめて数多く残されていて,被害状況などもかなり把握できているが,これは生き残った人や物の証言である。地下に埋没した人や物のなまの証言は,発掘しない限りうかびあがらない。この場合,双方の史料によってはじめてよりたしかな史実に近づくことができ,文献・考古のいずれか一方だけでは不十分といえよう。その意味では本誌第13号の富士山宝永スコリアに関する指摘[1]は,日頃文献史料にのみよっている者にとっては重要な指針となった。
　歴史考古学が急速に発達するいっぽうで,考古学の研究対象を年代で区別することの是非論がめだっているが,文献史学研究者は考古学の知識を,考古学研究者は文献史学の知識を豊富に学んで,各々の調査・研究作業の過程で互いの史料を駆使することができれば,歴史科学の実証研究は飛躍的に発展するのではないだろうか。

諸向地面取調書と伊達氏江戸屋敷

　最近坂詰秀一教授の御好意により,文献史学の立場から遺跡調査に参加し,さらに発掘手法の基本を学ぶ機会を得ることができた。調査地は東京都品川区の仙台坂遺跡で,仙台藩主松平(伊達)陸奥守下屋敷の比定地の一角である。
　この調査にのぞんで関心をあらたにしたのは,開発のはげしい東京都内で,大名屋敷をはじめとする武家屋敷の比定地がどの程度の精度で確認できるのであろうかということであった。明治以降広大な屋敷ほど割譲がくりかえされてきた例が多く,比較的細分化をまぬがれた屋敷には大がかりな工事を伴う巨大なビルが建造され,さらに道路その他の地下施設なども入りくんで,屋敷の外廓を知ることはむずかしくなっている。他方,比定地確認の基本的な史料である江戸図は,江戸時代の地図類のほとんどがそうであるように「絵図」であり,屋敷図が残されていてこれと照合することができたとしても,現在では隣接地との境界を正確に知ることはほとんど不可能である。
　ところで,この点をかなり補助できる文献史料が幕府の屋敷改帳である。幕府は享保以降,たびたび大名をふくめた武家屋敷の所有者各人に対して,一筆ごとに屋敷の場所・坪数・異動状況を提出させていた[2]。現在国立公文書館に安政3年(1856)の「諸向地面取調書」(内閣文庫蔵本)が所

87

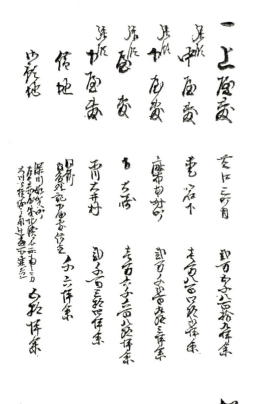

図1 諸向地面取調書

蔵されている。この書は近年影印本として出版され[3]，活用しやすくなっている。江戸中のこれほど詳細をきわめた武家屋敷の調査史料はほかになく，考古学の武家屋敷調査に際して欠くことのできない基本史料である。現在では多くの場合屋敷図などは入手しにくく，絵図類によって敷地の外廓を知ることができても各々の規模を正確に知ることはむずかしい。その点，「諸向地面取調書」を加えて絵図・地誌・紀行などを照合することによって，江戸における武家屋敷の実態がかなり精密に把握できるのではないかとおもわれる。以下にこの史料を紹介しがてら，調査地が伊達氏の下屋敷の一角であることから，江戸における伊達氏の屋敷の所在・規模などについて整理したい。

伊達氏は，1608年（慶長13）政宗の代に徳川家康から松平姓を許され，以来幕末まで松平陸奥守を称して，陸奥・常陸・下総・近江・蝦夷地のうち62万石余を領有した。伊達氏の江戸屋敷は当初外桜田にあり，『御府内備考』には，関ケ原合戦のあと，伊達政宗・藤堂高虎らをはじめ外様の大大名が競って江戸屋敷の拝領を願いでて許された様子を伝えている[4]。これは参勤交代制のきっかけとなった前田氏の例にならったもので，家康に対する堅い服属の意志を示すものであった。大名屋敷の配置には，当初江戸城を中心に軍事的配慮がなされていたが，明暦の大火後の再編成を期に，行政的機能が考慮されるようになった。そしてこの大火の経験から，御府内を比較的離れた地域に下屋敷の設置を認め，上屋敷・中屋敷・下屋敷の別が確立した。上屋敷は大名の居所と藩の公的機能を有し，中屋敷は添屋敷といわれていた別邸で，一部の大名が所有していた。下屋敷は避難用などの目的で設置されたが，のちに論功行賞的に増加し，一大名が数ヵ所の下屋敷を拝領所有することもめずらしくなかった。このほか大名の屋敷としては，江戸における藩の財政基地としての蔵屋敷や私有地的性格のつよい抱屋敷などがあった。伊達氏のような大大名の場合，上・中・下屋敷や蔵屋敷・抱屋敷（抱地）をすべて所有している。

まず「諸向地面取調書 第一冊」によって1856年（安政3）時の伊達氏の上屋敷および中屋敷についてみると，

　　上屋敷　　芝口三丁目　弐万五千八百拾九坪余
　　拝領中屋敷　愛宕下　壱万八百四拾弐坪余

とあり，これは幕末の尾張屋清七板公許絵図「愛宕下之図」や，さかのぼって1693年（元禄6）佐藤四郎右衛門板江戸図に符合する。これをさらにさかのぼった記録によってみると，延宝年間の「江戸雀」に，

　新橋を南へ渡りて左手に道あり，左りしほとめ橋，同がしはた塩留町，此町を出て南へ道あり，通町新道なり，左がは脇坂中務殿，松平陸奥守殿，保科筑前守殿，よこやに入江あり，

　兼房町うしろに南へ付て小路あり……桑山修理亮殿前の通南へ行に右内藤三左衛門殿，神尾五郎太夫殿左り松平陸奥守殿，此間半町行は右手に道あり，

とあって[5]，伊達氏の上屋敷・中屋敷のあたりを説明している。この記事をさきの二つの絵図面にたどると，上屋敷・中屋敷ともに符合する。上・中各々の比定地は，前者が港区東新橋2丁目，後者が同区新橋6丁目と認められる。当初の外桜田から，いつごろ屋敷替えになったのかについては，いまのところ不明であるが，近接の屋敷との関連をあわせ考えると，おそらく明暦の大火直後ではないかと推測され，このころ同時に中屋敷を拝領したものと考えられる。

つぎに下屋敷についてみる。伊達氏の下屋敷は3カ所あり，これを「諸向地面取調書」から筆順にしたがって示すと，

　　拝領下屋敷　　麻布本村町　弐万千弐百九拾
　　　　　　　　　　　　　　三坪余
　　拝領屋敷　　　下大崎　　壱万六千六百八拾坪余
　　拝領下屋敷　　品川大井村　弐千百三拾四坪
　　　　　　　　　　　　　　余

とある。このうち現在調査地の大井村については後述することにして，まず麻布本村町と下大崎についてみる。

麻布の下屋敷については，尾張屋清七板「東都麻布之絵図」に，下大崎については同板「芝三田二本榎高輪辺絵図」および「弘化二年書上　品川領宿村寺社門前町絵図」に各々符合する。この絵図を記録によってたどってみると，麻布の下屋敷については，松尾正靖の「嘉陵紀行」1819年（文政2）3月の項に，

　　まず麻布までは来にけり，なべて人の行所は
　　うるさき心地して花の有無はしらねど，まだ
　　見ぬかたにと，仙台坂をのぼりに，天真寺の
　　うら，南部殿のやしき前をくだりて広尾の町
　　に出……

とあり[6]，さらに1825年（文政8）の項に，

　　かつ鹿のあさぶの寺に詣づる。仙台坂の上に
　　茶店あるに休らふ，爰を仙台坂といふは，仙
　　台の国主の屋敷と，善福寺の門前なりしが，
　　年を経て今の如く，やしきをも，寺の地をも
　　さきて，数々の小やしきとなし，町家をせら
　　るゝと云

とあって[7]，絵図のうえにこれをたどることができる。したがって比定地は港区南麻布1丁目で，大韓民国大使館の所在地にあたる。この記事によれば，江戸時代麻布本村町の伊達氏下屋敷前をも仙台坂とよんでいて，この場所には現在仙台坂

上・仙台坂下のバス停留所名がある。

ついで下大崎の下屋敷については，同じ「嘉陵紀行」に御殿山の西，袖ヶ崎屋敷として散策図が記され[8]，また『御府内備考』品川の部に，

　　品川台町　　四隣……南之方松平陸奥守様下
　　屋敷宝塔寺……

とあり[9]，絵図上にたどることができる。すなわち比定地は，品川区東五反田3丁目，清泉女子大学の校地にあたる。なお，「嘉陵紀行」は，徳川三卿のひとつ清水家の用人松尾正靖の紀行文で，ことに文政期の江戸の様子が精密に観察されていて，絵図・地誌類との照合には欠かせない基本史料である。麻布および下大崎の下屋敷の設置年代については，『御府内備考』に，

　　（寛文元年）三月五日　松平亀千代右屋舗の代
　　り，於麻布弐万六千坪被下旨，

　　（明暦三年）五月十四日　松平陸奥守え高縄台
　　にて屋敷被下由，茂庭周防え被仰之，

とあり[10]，麻布は1661年（寛文元）3月に，下大崎は1657年（明暦3）5月のことで，下大崎が麻布より古く，明暦の大火はこの年の1月であるから，その直後に拝領したことがわかる。この記事にある松平亀千代は，伊達政宗から数えて4代目の綱村の幼名である。「寛政重修諸家譜」によれば，亀千代は1659年（万治2）の生まれで，麻布屋敷の拝領時は3歳の幼少であり，父綱宗の致仕によって襲封し陸奥守綱村と改めたのが，1669年（寛文9）のことである。この諸家譜に，1661年（寛文元）3月，父綱宗の小石川普請の完成に伴って論功行賞があったと記されており[11]，この麻布屋敷の拝領もこのことによるものであろう。上記『御府内備考』の記事によれば，麻布下屋敷は，当初26,000坪ほどの広さであったようで，さきに引用した「嘉陵紀行」に，仙台の国主の屋敷と善福寺の門前を割いて多数の小屋敷を建て町家にしたとあることと考えあわせれば，その後文政期までに敷地の一部を削減され，「諸向地面取調書」に示す21,293坪になったものといえる。また下大崎の屋敷地を高縄台といっているのは，この屋敷の台地の北東側が高輪村につづいていたことにより，このほか記録によっては品川台・袖ヶ崎・大崎屋敷などのよびかたをしている。

仙台味噌屋敷

さて，調査地にあたる品川領大井村の下屋敷についてみる。この屋敷の拝領年は，『御府内備考』に，

（万治元年）五月十六日，松平陸奥守　品川クヌギ林

とあり[12]，1658年（万治元）5月のことで，当時この場所が櫟林であったことがわかる。敷地面積は，「諸向地面取調書」によってさきに示したように，2,134坪である。なお，同書には東側続き地1,006坪を内藤外記下屋敷として貸地していたことが記されている。屋敷位置は「弘化二年書上品川領宿村寺社門前町絵図」にあきらかで，当時東海道に面していた海晏寺の門前を境内に沿って細道を西にのぼりつめ，池上通りに交わる台地にあった。この坂を麻布屋敷と同様仙台坂というが，現在では都道26号線側に仙台坂の名称を残している。

「嘉陵紀行」には，

文政二の年三月廿五日，南郊の花見ばやと……東海寺のうちこゝかしこ見あるき，南門より出で，畑の細道を行，右に田の面見わたさる，左に海晏寺の山のうしろ見ゆ，菜の花ざかり成，満地に金を敷るがごとし，向ひに木だちしげりたる一かまえ見ゆ，松平陸奥守殿の品川のやしきといふは是なりといふめり，其垣にそふて西へめぐり，又南に行けば，此辺より道の左りはみな畑也，来福寺のうしろに出，

とあり[13]，品川東海寺から伊達氏下屋敷までの道筋と景観を詳しく述べていて，これを「品川領宿

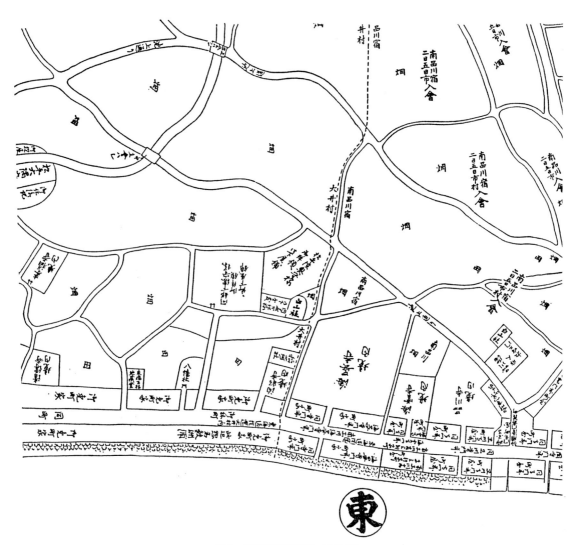

図2　松平陸奥守下屋敷（大井村）

村寺社門前町絵図」にたどるとよく符合する。比定地は，品川区東大井4丁目2番地である。

ところで，この大井村の下屋敷は，その規模がほかの2カ所にくらべると，きわめて小さいことに注目される。また元文期の幕府の規定にてらしてみても，2,134坪の規模は，8,000～9,000石程度の武家屋敷に相当し，内藤外記への貸地分を加えても 30,000～40,000 石程度の大名屋敷に相当するに過ぎない。62万石という伊達氏の格式や江戸詰の家臣の人数から推しても，疑問がもたれるのである。

ところがこの疑問を解明するための手がかりとして，興味深い話が伝えられていた。すなわち，江戸時代伊達氏は，この大井の下屋敷でかなり大規模に味噌を醸造していたこと，明治以後は，御用達商人であった八木氏がこの施設をひきうけて味噌醸造会社を経営するにいたったということである。しかし屋敷図はもとより，味噌醸造のことを示す文献はみあたらない。ともかく八木氏が味噌会社をつくるために施設をひきうけたというのであれば，かなりの規模の醸造施設があったにちがいないとおもっていたところ，最近このことを裏付ける絵図に行きあたった。「品川白金目黒辺之絵図　安政二乙卯年九月致正　麹町拾丁目　近吾堂近江屋五平梓」がそれである。

この絵図には，伊達氏の下屋敷にあたる位置に『仙台味噌屋敷』とだけ記しているのである。これによって，伊達氏の大井村下屋敷（品川屋敷）の味噌醸造規模は，市販の絵図に示され，世間に知られるほどの規模をもっていたことが明らかになった。この屋敷が「品川領宿村寺社門前町絵図」や「嘉陵紀行」によってもわかるように，当時としても周辺が畑地の辺鄙な地に設けられ，大大名の下屋敷としては，きわめて狭小であることなどのわけは，この屋敷の使用目的が味噌醸造所として設置されたためではないかと考えている。伊達氏は，年々諸大名のなかでも有数の江戸廻米を可能にした米産地を領し，さらに大豆の主産地常陸を領していたから，味噌の原料確保は容易であったといえる。味噌醸造が，伊達氏と江戸詰の家臣の自給自足のためにだけおこなわれたものか否かを明らかにすることは，今後の課題であり，これにかかわる文献史料の発掘はもちろんのこと，それ以上に，考古学調査による遺構や遺物の発見が期待されるのである。現在，当時のカマドとおもわ

図 3　仙台味噌屋敷

れる石組みの遺構が一つだけ発掘されているが，いまだ調査中であり，明らかではない。

以上，まことに浅い現場経験のなかで，調査地が伊達氏下屋敷の比定地であることから，大名屋敷の遺跡を把握することにつよい関心をもった。今後，大名屋敷の実態について，できる限りの文献調査と考古学調査を協力して進め，はやい機会に集大成することが必要であると痛感している。開発のはげしい東京では，絵図を手に踏査しても，見当さえつかぬほど地上の変化が急であり，絵図や文献だけでの調査はむづかしくなっているからである。

註
1)　鈴木公雄ほか「東京都港区内の江戸時代遺跡」季刊考古学，13，1985
2)　『御触書集成』（岩波書店）享保 4・延享 2・寛延 2・宝暦 6・同 13・安永 2・享和 2・文化 6 の各年度に令達。
3)　『内閣文庫所蔵史籍叢刊』（汲古書院）
　なお，本書の成立年代（安政 3 年）については，叢刊本所載の福井保氏の考証によった。福井氏は，この屋敷調査は諏訪庄右衛門・根来五左衛門・西尾寛一郎らの屋敷改役によっておこなわれたとされている。
4)　『御府内備考』第一巻，9 頁
5)　『江戸叢書』第五巻，66・75～76 頁
6)　『江戸叢書』第一巻，230 頁
7)　同上書第一巻，242 頁
8)　同上書第一巻，220 頁
9)　『御府内備考』第五巻，26 頁
10)　同上書第一巻，18・13 頁
11)　『寛政重修諸家譜』第十二，335 頁
12)　『御府内備考』第一巻，15 頁
13)　『江戸叢書』第一巻，214 頁

書評

山本清先生喜寿記念刊行会編
山陰考古学の諸問題

同刊行会
A5判 670頁
9,000円

　本書は，さきに喜寿をお迎えになった山本清先生に献呈すべく，後進諸氏によって準備された記念論文集である。そして『山陰考古学の諸問題』は，この論集の題名として，まさに格好である。なぜならば，山陰考古学の名が今日存在しうるのは，まさしく山本先生の過去半世紀にも及ぶ，御労苦の賜物といっても過言とは思えないからである。

　さて，本書には先生の息がかかった俊秀諸氏になる，25篇の論考が収められている。いま限られた紙数の中で，そのすべてを紹介することはできないので，ここでは先生がとくに力を注がれた古墳時代関係論文のみを簡単に紹介し，他は論題だけを掲げることにより，内容紹介に代えたい。

　縄文時代関係は，「山陰地方の縄文早期・前期の様相」，「島根県の縄文土器研究の諸問題」，「隠岐島産の黒曜石」の3篇で，土器論・分布論が展開されている。

　古墳時代論考のうち，「箱式石棺考」は，岡山県下のそれの分析結果から，これが4～5世紀をピークに見られること，小規模古墳に集中すること，高梁川流域には小規模石棺が多いこと等々を明らかにしている。「墳丘出土の大形土器」は，古墳にみる大型土器のあり方を吟味して，すべて壺棺と見做されがちだったが，正しくは供献・棺の2つの用途に供されたものだったとする。前者は中期をピークに認められるが，小規模古墳に限られるとも指摘する。「山陰地方出土刀子に関する覚書き」では，刀子の型式分類と編年を試みた上で，I期には装具を外して副葬したらしく，またII期には研ぎ減りの著しいものが目立つなどと述べつつ，刀子の呪的機能を重視しようとされる。「甑考」は，この地方特有の超大型甑形土器の出土状況などを検討した末，これらが蒸す容器らしいこと，また従来の甑に対する一般的見解とは逆に，これがカマドの出現とともに姿を消すと強調される。

　「山代・大庭古墳群と五・六世紀の出雲」は，有力首長の動向を大型墳のあり方を通して解明しようというものである。東・西両出雲とも，6世紀前半頃にそれぞれ政治的結集を終え，対立する存在となるとの指摘がある。「素環鏡板付轡の編年とその性格」では，従来の編年が共伴する須恵器に依存するばかりのものだったとの反省から，遺物そのものの型式変遷を試み，好結果をあげている。そして馬官から左右馬寮への官制の移行と，実用馬具の爆発的増加とのかかわりを予測しようとしている。「環頭大刀二三事」は，これまで余り注目されなかった数例の竜鳳文環頭大刀を紹介し，諸説の修正をはかるとともに，6世紀前半に百済で，A・B両型環頭の折衷式の新型（C型）が成立し，その後の列島内竜鳳文環頭柄頭の下地となったと説く。

　「島根県の九州系横穴式石室再考」では，岡田山1号・御崎山・めんぐろ古墳の石室構造を，九州の5古墳の石室と比較しつつ，島根県下のこの系統の石室の上限を6世紀中頃に比定している。「島根県仁多町無木古墳群の横穴式石室について」は，L字形の平面形をもつ2つの横穴式石室をとりあげ，これが石棺式石室の影響下に成立したと想定する。「大社造と横穴式石室」は，大社造の間取りと，この地方の横穴式石室内の石棺配置とが，共に非対称である点を重視して，両者を関係づけようとする。葬と祭の問題は複雑である。「隠岐島の古墳」は，古墳の実態把握を通じて，隠岐国成立過程を展望しようというものである。「古墳時代後・終末期の墳丘基壇について」では，三段築成の前方後方墳とされる岡田山1号墳は，実は基壇にのる二段築成墳であるとの主張を，近畿終末期古墳の類例により裏付けようと努めている。「出雲地方の須恵器生産」は，I期を含む9窯址の検討を通じて，出雲地方須恵器生産の展開過程をあとづけようというものである。そして「出雲国玉作の諸問題」は，出雲国風土記にただ1か所みられる「忌玉作」を求めて，それが花仙山周辺だったろうと推測している。

　続く「山陰における初期造寺活動の一側面」，「伯耆国大御堂廃寺考」，「石見国分寺瓦について」，「古代石見の役所跡について」，「古代出雲・隠岐の社会組織に関する考察」，「渤海考古学の成果と民族問題」は，日本海域の古代を展望するもの，「鳥取県生産遺跡分布調査から」で近代に至るタタラを見とおし，「鳥取県の遺跡保護問題」で結ばれる。

　山本清先生は，地域研究を標榜し，その具体的手段としての，網羅的調査を重視される。本書の諸論考には，その先生の志向の反映が十分にうかがえる。論文末尾に集成表を付すものも多く，巻末の「主要古墳一覧」ともども，学界共有財を提供している。

　それにしても，山本先生の日本考古学協会総会時の御発表と『島根史学論集』などの御論考以外に情報を持ちえなかった1950～60年代を思い返すとき，本書に結実した山陰考古学の足どりの早さに驚くばかりである。

（岩崎卓也）

書評

桜井清彦・坂詰秀一 編
論争・学説 日本の考古学
6　歴史時代

雄山閣
Ａ5判　291頁
3,500円

　本書は歴史時代考古学に関する11編の論争と，それを網羅的に扱った総説からなる。

　坂詰秀一「総説」では，歴史時代考古学の概念規定と，テーマ選択の理由。論争の学際的多様性と，そのなかでの考古学の果すべき役割など，本書の目的と坂詰自身の姿勢が併せ開陳されている。

　寺島孝一「日本古代宮都の源流」平城京の原型は隋唐長安城とする通説に対し，昭和45年に平城京の原型は藤原京で，その源流は北魏洛陽城にあるとする岸俊男説が提出された。これに対し中国側から，中国史や近年の考古学の成果をふまえて長安城模倣説が主張され，ここに彼我の都城のかかわりについての論争に一つの段階を迎えたことを紹介する。

　江谷寛「法隆寺再建非再建論」明治20年代に始まった法隆寺論争も昭和14年の若草伽藍跡の発掘調査によって再建論に有利となったが，戦後は昭和大修理や歴史考古学の発達，また建築史，美術史，歴史学などでも新しい研究が進み，戦前とは違った意味での法隆寺論争が起っていることを考古学者の立場から簡潔に要領よくまとめているが，専門分野以外では自から限界が感じられる。

　林博通「崇福寺問題」大津宮跡の探索の手掛りとなる天智朝の崇福寺，桓武朝の梵釈寺を求めて滋賀里山中と南滋賀の寺院跡が昭和3年以来発掘調査された。この成果に対し，戦前戦後にかけた時期，石田茂作，梅原末治らによって論争が展開され，当時の学問の水準を示したが，結着を見ずにおわった。近年は大津宮自体の発掘が進み，これを基準にして広範囲な面から検討される時期を迎えている。

　宮小路賀宏・亀田修一「神籠石論争」明治以来，霊域か城郭かで争われた神籠石も昭和30年代の発掘によって「山城跡」が実証されるに到り，その後は，年代・主体・築造目的をめぐって展開している。その解決のためには発掘成果の蓄積，文献の詳細な検討，朝鮮半島の山城との比較研究のより一層の進展が必要とされている。

　猪熊兼勝「飛鳥の石造物論」酒船石をはじめ明日香村に散在する石造物の材質や形態，原位置の比定などの研究成果を紹介し，これらは原位置付近の花崗岩を加工したもので，その分布状況から斉明朝に宮域を示す標石，饗宴の場の装飾品，水流を鑑賞する仕掛石，墳墓の石棺などに用いられたものとする自説を披露しており，聞くべきものは多いが，論争は今後の問題である。

　石村喜英「梵鐘の形態と尺度論」平等院と観世音寺の著名な梵鐘をめぐって，それぞれ未解決におわった論争を取りあげている。前者は文献と遺物を関連づけるのが，いかに困難であるかの例証であり，後者は古代の尺度論であるが，梵鐘に限らず，古代の尺度についての研究がその後どの水準にまで達したかを補足していただきたかった。

　関秀夫「経塚起源論」経塚の日本創始説と中国・朝鮮源流論の諸説を紹介し，現存最古の遺例は藤原道長経筒以外にはないこと，これ以前の埋経の起源を考えるにあたっては，初期経塚遺物の銘文や史料から，慈覚大師円仁請来の法滅に備える経典護持思想と天台宗の如法経書写供養とが絡みあったものと考えられ，この原則を離れた源流論は問題を混乱に導くものとする。ただし，末法思想，弥勒信仰も忽せにはできないであろう。

　斎藤孝正「施釉陶器年代論」7世紀から11世紀にかけて愛知県猿投窯で生産され，全国的に伝播した施釉陶器の編年が相対的編年から，各地の協同作業によって絶対的編年へと高められ，さらに編年の再構成へと向かう，昭和30年代から現在にいたる活発な論争の過程と，将来の課題が生々と語られており，まさに考古学の独壇場であるが，一般読者のためには実測図の編年表で示す配慮が欲しかった。

　縣敏夫「板碑研究論争」関東型板碑の研究史上，初期的論争である二例を取りあげ，その争点が板碑の刻銘の真偽論から出発し，形態論・性格論へと進展したこと，また，その本質をめぐって名称論争が生起したが，「個人の絶大なる影響力」によって，不備な「板碑」の名称が定着した次第が語られている。

　大川清「窯構造名称論」坂詰秀一「古瓦名称論」この二編も名称論である。名称には歴史的古名称と学術的新名称とがあり，古名称の文化遺産的価値を尊重する論者と，合理的新名称の造語を主張する論者とがある。前編は古名称が未知の窯についての新名称作製をめぐる論争であり，後編は古名称と新名称論者の対立である。新名称の造語に当っては物の本質を的確に表わすのは至難の業であるから，そこに提唱者の影響力が介在する余地があり，また，大勢は適当にわかり易ければ順応する傾向がある。こうした風潮を良しとしない坂詰は，漢字使用圏に共通する国際的考古学用語作製の呼びかけを提唱するが，各国の古名称を尊重した上での議論ならば賛成である。

　　　　　　　　　　　　　　　　（稲垣晋也）

論 文 展 望

選定委員（敬称略　五十音順）
石野博信
岩崎卓也
坂詰秀一
永峯光一

古内　茂

浅鉢形土器出現の背景

千葉県文化財センター研究紀要　10
p. 23〜p. 34

縄文式土器の器形はその出現以来，鉢または深鉢を基本として発展してきた。これが前期の到来を契機として，その内容は次第に充実し，深鉢にもさまざまなバリエイションが認められるようになる。この傾向は前期後半に至ると一層顕著となり，深鉢の他に浅鉢が普遍的に現われるようになる。船橋市飯山満東遺跡はその頃に営まれた遺跡で，黒浜期の集落とともに諸磯期の土壙墓群が発見された。ここで注目された土器は土壙墓群から出土した一連の浅鉢形土器でこれらは大きく二つに分類できた。一つは通常の口縁部が大きく外反するものや半球形を呈するもの，いま一つは口辺が「く」の字状を呈した有段のものや口縁付近に穿孔が認められるものである。後者は他の遺跡でも同様に土壙墓から出土しており埋葬との関連が強い。つぎに土器の遺存状態は住居址出土品に較べ明らかに遺存が良いことからその用途や所有形態も深鉢とは異なるものと理解できた。また，飯山満東遺跡の土壙墓群は明確に墓域を形成しており，集落とは分離されていた。このように生活の場と死後の世界とを区画することは人々の生活がある程度安定しており，しかも集団内でのある種の規制も生じていたことであろう。最近の調査では，長野県阿久遺跡のような大集落も構成されているところから，集落や集団の維持を目的とした規制は当然存在したであろうし，墓域の形成という点もそれを裏付けることになろう。これは次の中期で出現す

る大集落展開の序曲とも考えられる。一方，ここで論じたタイプの浅鉢は本県とともに現在長野県下でも多数の類例が報告され，論考も加えられている。関東で出土するタイプとは細部の点を比較すると若干異なるが，諸磯b式に至ってはほぼ同様であり少なくとも諸磯文化圏における浅鉢の普及は共通していたものと考えて間違いあるまい。しかし，諸磯文化圏以外では現在のところ良好な出土例は知られていない。　　（古内　茂）

下條信行

日本稲作受容期の大陸系磨製石器の展開

九州大学九州文化史研究所紀要　31号
p. 103〜p. 140

これまで弥生時代の主要な磨製石器を大陸系磨製石器と称し，その源が大陸にあるということで，多くの弥生磨製石器の問題は解消されていた。この論は初期稲作受容期の「大陸系磨製石器」と朝鮮半島，縄文時代の石器を比較検討することによって，縄文文化と大陸文化の癒合の実態を明らかにしたものである。初期稲作受容期（縄文晩期凸帯文期〜弥生前期）の石器はA〜Cの三群に分けられA群には朝鮮新来の石庖丁，石鎌，抉入片刃石斧，扁平片刃石斧が，B群には縄文系の打製石鏃，石鋸，石匙などが，C群には縄文，朝鮮両系癒合の伐採斧が属す。C群伐採斧は扁平身，長台形平面の点が縄文斧，平基，大型化，重量増の点が朝鮮斧の特徴に近く，両系の混交的合成物となっている。B群の打製石鏃は基部を平基に近くするが，そのまま存続し，実用鏃の主役となっている。朝鮮半島の実用鏃である短鋒磨製石鏃はほとんど伝わらない。以上のことは，縄

文文化に機能していた石器は，いかに朝鮮により発達していた石器が存していたとしても容易に転換されなかったことを示している。A群石器は縄文に存しないので，まずは朝鮮半島そのものの石器が伝えられる。最古の稲作期である佐賀県菜畑 12〜9 層の A 群石器は，規整的な形態をもった十分に大陸的なものである。しかし，石庖丁の刃付に朝鮮半島特有の片刃のほか偏刃両刃，真正両刃が出現し，有茎磨製石鏃も規整性を失った弛緩形に退化するなど，種々のアレンジを加えて「大陸系磨製石器」の日本化への模索がただちに始まる。以上のように大陸系磨製石器といっても，その実状は大陸的，縄文的，日本的な各種の側面が混合されたものである。弥生前期までの間，こうした各種要素がないまぜとなって定着化への模索が続き，前期後半前後に日本化された良質の磨製石器に到達する。これが一因となって石器の専業的製作者集団が出現する。

（下條信行）

森下浩行

日本における横穴式石室の出現とその系譜

古代学研究　111号
p. 1〜p. 17

日本の古墳時代墓制のなかで，横穴式石室の出現は追葬を容易にしたという点で重要な意義をもつ。これまで横穴式石室の系譜について多くの研究者が論じてきたが，日本の横穴式石室は大きくみて畿内型と九州型とに分かれ，その最も大きな違いは閉塞方法による。九州型の閉塞は玄門にて板石を立てて行なうため，玄門は袖部が内側に突出し，平面形は凸字形をなす。それに対して畿内型の閉

塞は羨道にて石材を積みあげて行なうため，両袖・片袖と呼ばれるような文字通りの袖部を形成する。したがって九州型と畿内型との大きな違いは玄門構造によくあらわれている。九州型は玄室の平面形，天井の形態などから，北九州型A類，同B類，肥後型とに細分できる。また，畿内型も玄室天井の形態から，A類（両袖式・片袖式）とB類とに細分できる。ついでそれぞれの出現をみてみると，副葬品などの検討から九州型は4世紀末〜5世紀初頭と，畿内型は5世紀末〜6世紀初頭と考えることができ，その間約1世紀近い隔たりがある。ついでそれぞれの出自は，北九州型A類と肥後型はともに漢城期の百済に求められ，北九州型B類は在来の竪穴式石室に求められる。また畿内型B類と畿内型A類片袖式はともに熊津期の百済に求められ，畿内型A類両袖式は伽倻に求められる可能性が高い。なお畿内型に先行する畿内の横穴式石室は九州型の影響を受けて成立したと考えられ，かつ畿内型とのつながりをもっている可能性もある。以上のような畿内型と九州型の出現時期，出自の差異はこれまで地理的理由や畿内の古い文化の伝統が存在していたためとされてきた。ところが文献史料や他の朝鮮半島系の考古資料から考えて，畿内型と九州型の出現時期，出自の差異は，新しい墓制を受け入れる基盤の有無よりも，むしろ対外的な事情にあると考えられる。　　　（森下浩行）

林部　均

東日本出土の飛鳥・奈良時代の畿内産土師器

考古学雑誌　72巻1号
p.31〜p.71

最近，東日本でも飛鳥・奈良時代の畿内産土師器の出土が知られるようになった。本稿ではその具体例について分析し，搬入の様相や意義について検討した。その結果，東日本において畿内産土師器の搬入には次のような特徴がみられた。①年代は7世紀後半から8世紀中頃に，ほぼ限定できる。その中でも7世紀後半，8世紀前半，8世紀中頃に集中する。とくに8世紀初頭は出土遺跡の数，また出土量の点で最大の画期であろう。②分布は南関東地域に多い。とくに地域の拠点となる遺跡からの出土が多い。③官衙と考えられる遺跡から出土することが多い。④飛鳥時代は特定の器種が単独で搬入されることが多い。奈良時代は器種も豊富となり，出土量も増加する。⑤すべての時期を通じて1遺跡での出土量はきわめて少ない。器種も網羅的に出土することはない。

以上のことから畿内産土師器が東日本へ搬入された背景について考える。畿内産土師器が東日本へ搬入された7世紀後半から8世紀中頃は古代律令国家が東日本において，その支配を強く押し進めた時代であった。先に述べた出土量の多い3時期も天武朝から大宝律令の施行，国府・国分寺の整備の時期と見事に一致している。すなわち古代律令国家の地域支配の再編に伴う活発な交流が畿内産土師器を東日本へもたらした要因と考える。ただし，それらの畿内産土師器が，畿内と同じ用途・性格をもって使われていたとは考えられない。

ところで，このように畿内産土師器は，東日本へ搬入されていながら，東日本の在地で使われた土器には，何らの影響をも与えていない。国府などの官衙で使われた土器にのみ影響を与えていた。この点に東日本における畿内産土師器の意義が端的に集約されているように思う。　　　（林部　均）

斎木　勝

関東型式宝篋印塔の研究

千葉県文化財センター研究紀要　10
p.344〜p.404

鎌倉時代後期から室町時代末期にかけて造立された関東型式の宝篋印塔について，その分布，造立数の変遷，各時代の様式的変遷，計測値により，各時代的特長の究明を試みたものである。

近年，板碑は考古学的にかなり研究されてきたが，他の石造物，例えば宝篋印塔，五輪塔については石造美術の分野からの研究のみであった。そこで関東型式を示す宝篋印塔を主体に，永仁四年（1296）から文禄五年（1596）までの在銘の235基と無銘ではあるが，重要な各部様式をもつ13基をできるかぎり実測し，銘文にも留意しながらその特長を捉えた。分布を旧国別にみていくと，相模は箱根周辺，あるいは小田原周辺に関東型式としては初発期の宝篋印塔が建立されている。また鎌倉は鎌倉幕府の中心になったためとくに集中している。武蔵北部と上野には重層の宝篋印塔が分布している。とくに上野は笠塔婆，宝塔などが数多く確認されているところからも石造文化が隆盛した地域と考えられる。下野は南部の足利がとくに多く建立されている。常陸は筑波山系から良質の花崗岩が産出することから，この周辺にはとくに重要な宝篋印塔が多い。宝篋山頂に建立されている早期宝篋印塔は，関東型式の宝篋印塔を考えるうえで重要な位置を占める。

造立数の推移をみると5つの画期が示される。すなわち，関東型式宝篋印塔の塔形の完成した鎌倉時代後期，南北朝時代前・中期，爆発的に造立が増えた南北朝時代後期から室町時代前期前半期，数基しか確認できない室町時代中期，装飾的な近世宝篋印塔の出発点というべき室町時代後期である。これらの宝篋印塔にみられる時代的変化が歴史の変遷の中で何を意味するか。石塔の造立はある階級に限定されると思われるが，その変化を鎌倉時代，南北朝時代，室町時代という歴史の中で読みとっていこうと思う。（斎木　勝）

文献解題

岡本桂典編

◆**埋蔵文化財と考古学** 坪井清足著 平凡社刊 1986年6月 A5判 504頁

奈良国立文化財研究所長として考古学研究，文化財保護行政に貢献してきた坪井清足氏の退官記念論文集。本書は6章よりなり，日本考古学の全分野から中国考古学にわたる著者の論文集。

◆**土器様式の成立とその背景** 西弘海著 真陽社刊 1986年5月 A5判 299頁

奈良国立文化財研究所主任研究官であった著者の業績を同研究所同僚諸氏がまとめた遺稿集。古代土器に関係した論文・講演記録9編，巻末に卒業論文がおさめられている。

◆**馬場壇A遺跡I―前期旧石器時代の研究―** 東北歴史資料館資料集16 東北歴史資料館刊 1986年3月 B5判 220頁

宮城県の北西部，古川市内を流れる江合川中流域左岸丘陵上に位置する。現地表下6.3mで，33層が認められ，その中で12枚の生活面が検出されている。前期旧石器時代古段階は33・32・30・20層上面石器群，前期旧石器時代新段階前半は19・10層上面出土石器群，前期旧石器時代新段階後半7層上面石器群として位置づけられている。熱残留磁気法により炉跡の推定，脂肪酸分析による石器の使用，食生活の復元などが試みられている。

◆**大串貝塚** 常澄村埋蔵文化財調査報告第2集 茨城県常澄村教育委員会刊 1986年3月 B5判 56頁

茨城県の中央部東端，常総台地の北端，海抜30mの水戸台地上に位置する。『常陸国風土記』にも記載があり，大山史前学研究所などによりかつて調査された著名な貝塚。花積下層式土器を主体とし，貝類・獣骨・自然遺物など良好な資料が検出されている。

◆**堀之内大台城発掘調査報告―日本城郭史学会調査報告第6集―** 日本城郭史学会刊 1986年3月 B5判 307頁

茨城県の南東部，水郷の里として著名な行方郡牛堀町に所在する。大台城は行方台地の南東部に位置する。I曲輪からは枯山水庭園状遺構とこれに囲まれた主殿礎石群，城門建築礎石，廊下橋状橋脚礎石などが検出されている。出土遺物は，城の機能していた期間が短期間であったためか少ない。陶磁器以外では火縄銃部品・弾丸が出土しており鍛冶工房の存在が推定される。戦国末期の城郭遺構の初例として注目される。

◆**那須駒形大塚** 三木文雄編著 栃木県小川町教育委員会刊 1986年12月 B5判 224頁

栃木県那須郡を流れる那須川右岸に位置する国指定の前方後方墳である。昭和49年に三木文雄氏により調査された。主体部は木炭構造を有するものである。蕨手状素環頭両刃刀子・画文帯龍虎四獣鏡などが検出されている。那須古代文化の特殊性がみられる。

◆**法政大学多摩校地遺跡群I―A地区―** 法政大学刊 1986年3月 B5判 563頁

東京都南西部の多摩丘陵最西端部に位置する遺跡群のうちA地区の報告。A―1地点の検出された遺構は縄文時代前期の住居跡1軒，平安時代住居跡8軒・焼土群1個所・集石9個所・土坑など，遺物は縄文時代では諸磯期を主体とし，平安時代では灰釉陶器・風字硯・万年通宝・石帯飾石・鉄製鈴・青銅製鈴などが検出されている。A―3地点では，縄文時代の土坑1基，平安時代の住居跡2軒，A―5地点では平安時代の住居跡1基・土坑2基を検出している。A―0地点は先土器時代遺物集中部3個所，縄文時代の土坑190基，平安時代の土坑3基，近世の

落し穴・炭窯，そしてポツダム宣言の受諾に関する電波を発したとされる多摩送信所跡が検出されている。現代史の中で重要な意味を有する遺構である。

◆**港区三田済海寺長岡藩主牧野家墓所発掘調査報告書** 東京都港区教育委員会刊 1986年3月 A4判 391頁

東京都港区三田4丁目済海寺に所在する越後長岡藩牧野家墓所改葬に伴う調査報告。済海寺には2・4代忠成から11代忠恭までの9藩主，6人の正室などを含む17基の墓がある。墓標は近世の装飾宝篋印塔で，子女合葬墓のみ笠付方柱形墓標である。埋葬施設は大型の石室で木製座棺を納めたもの，土中に甕棺を納めたもの，小型石室に甕棺を納めたものの3種類がある。出土遺物は多種多様で着装品と副葬品に分けられる。墓誌・烏帽子・数珠，宗教的習俗と結びついたものと考えられる玩具などが多く武具は少ない。大名家の墓所の構造・葬制の一端を知る貴重な資料を提供している。

◆**緑山遺跡―津山市埋蔵文化財発掘調査報告第19集―** 岡山県津山市教育委員会刊 1986年3月 A4判 113頁

岡山県の北東部，津山市を流れる吉井川の支流，加茂川右岸の緑山丘陵に位置する。3丘陵A～D地区の調査報告。A地区では7世紀前半とされる横穴式石室1基，B地区では弥生時代後期初頭の竪穴住居跡1軒，C地区では6世紀，7世紀前半の炭窯9基，7世紀前半に営まれた製鉄炉2基が検出されている。D地区では弥生時代中～後期の土器のみ検出されている。出土遺物は弥生土器・土師器・須恵器，古墳石室閉塞部より鉄滓が検出されている。

◆**黒谷川郡頭遺跡I―昭和59年度発掘調査概報―** 徳島県教育委員会刊 1986年3月 B5判 260頁

徳島県の北西部，板野郡板野町を流れる旧吉野川左岸沖積低地の現地表下3.5mに立地する遺跡。弥生時代後期後半から古墳時代初頭の竪穴住居跡7軒・掘立柱建物跡2棟・方形周溝墓1基・土坑7基・溝4条が検出されている。とくに溝から検出された壺形土器に描かれた文様は近年類例の増加している直弧文関連文様の1つとして注目される。遺跡の立地が標高80〜90cm，30cmと低く，低地に立地する遺跡である。

◆伊佐上原遺跡・石仏遺跡—熊本県文化財調査報告第78集— 熊本県教育委員会刊 1986年3月 B5判 289頁

熊本県の北西部，菊地郡旭志村を流れる合志川の支流矢護川左岸台地上に位置する遺跡。縄文時代後期後半〜晩期前半の住居跡2軒・埋甕・方形溝遺構・円形周溝遺構・炉跡，弥生時代後期の住居跡2軒・円形周溝遺構，奈良・平安時代21基・掘立柱建物遺構6棟・蔵骨器，近世の溝が検出されている。石仏遺跡では旭志村尾足板碑の報告，付論として石仏遺跡の地蔵板碑と沙門元志，旭志村乙姫神社石塔2例の報告を載せる。

◆北海道考古学 第22輯 北海道考古学会 1986年3月 B5判 176頁
北海道における黒曜石年代測定法について…………近堂祐弘
擦文期における鉄器と鉄滓の金属学的解析………佐々木 稔
網走市大曲第1洞穴出土の一縄文時代人頭骨…………石田 肇 百々幸雄・米村哲英
利尻島亦稚貝塚出土土器片の蛍光X線分析…井上晃夫・三辻利一
錦町5遺跡出土鉄滓と緑町4遺跡出土鉄鎌の金属学的調査 …………………大沢正己
松法川北岸遺跡出土の木製品の樹種同定……三野紀雄・涌坂周一
北海道における先史時代の植物性食料について………山田吾郎
動物生態学からみた溝状ピットの機能……………佐藤孝則
北海道における縄文時代貝塚の形

成と動物相—漁・猟関係骨角製品の発達の背景——金子浩昌
道南の縄文前期土器群の編年について（Ⅱ）………大沼忠春
縄文土器出土遺跡地名表 …………………菅野友世
余市町大川遺跡出土の擦文期の資料について………大島秀俊

◆よねしろ考古 第2号 よねしろ考古学研究会 1986年8月 B5判 51頁
"日時計"の考察—大湯環状列石の配石類型の意味—…阿部義平
大湯環状列石 昭和7年発見の証拠………………斎藤長八
配石遺構研究略史と名称の概念 …………………藤井安正
秋田県の配石遺構………秋元信夫
大湯環状列石周辺出土資料 …………藤井富久子・佐藤 樹

◆奈和 第24号 奈和同人会 1986年4月 B5判 55頁
考古学における文化と記録および時間………ブリアン・フェガン 関 俊彦・斉藤和弘訳
型式設定の方法論史—いわゆる属性分析の系譜と問題点— …………………小川和博
「複合体としての型態論」 …………………柿沼修平
覚え書き—「共同体（態）と類型」（2）…………青木幸一
異形台付土器用途考（下）—土器機能の予察………内田儀久
集落を理解するために…田川 良

◆婆良岐考古 第8号 婆良岐考古同人会 1986年4月 B5判 88頁
利根川下流域における弥生式土器様相（1）—行方郡麻生町根小屋遺跡出土土器紹介をかねて— …………………海老沢 稔
常陸における国分寺系瓦の研究Ⅰ …………………黒沢彰哉
北茨城市細原遺跡・小野遺跡採集の縄文式土器について …………………横倉要次
牛久町中の台C遺跡採集の土器 …………………澤畑俊明
茨城県宝塚古墳・大戸大宮寺遺跡・大戸土の前遺跡採集縄文式・弥生式土器…………川又清明

茨城県中・南部における六・七世紀土師器の様相—筑波町小田橋遺跡出土土器を中心として— …………………黒沢彰哉

◆研究紀要 10 千葉県文化財センター 1986年3月 B5判 528頁
新東京国際空港No.12遺跡の有舌尖頭器をめぐって…鈴木道之助
浅鉢形土器出現の背景—飯山満東遺跡を中心として——古内 茂
阿玉台式土器前半期の一様相—常磐道柏地区の調査成果から— …………………原田昌幸
微隆起線文土器群の変遷と分布—加曾利EⅣ式期に認められる微隆起線文土器について— …………………西山太郎
水洗選別法による遺物採集の効果—魚類遺骸を中心に— …………………小宮 孟
関東地方における弥生時代中期前半の地域相…………渡辺修一
『北関東系土器』の様相と性格 …………………小高春雄
印旛沼南部地域における後期弥生集落の一形態—八千代市権現後・ヲサル山遺跡の分析— …………………藤岡孝司
東国後期古墳分析の一視点—鉄鏃から見た千葉市生実・椎名崎古墳群—………白井久美子
千葉市大北遺跡の検討—律令制下東国の一様相………萩原恭一
下総国相馬郡正倉跡の再検討 …………………大野康男
8世紀における下総の国司について…………関口達彦
下総国印旛郡村神郷とその故地 …………………天野 努
房総をめぐる奈良・平安時代土器生産体制の展開に関する諸問題 …………………佐久間 豊
関東型式宝篋印塔の研究 …………………斎木 勝
中国製古銭の分析研究…服部哲則
戦国時代末期の城郭からみた権力構造—下総・原氏を中心として— …………………柴田龍司
千葉県考古学史資料目録稿—明治期—…………西野 元

◆貝塚博物館紀要 第13号 千葉

市立加曾利貝塚博物館　1986年3月　B5判　53頁
千葉市芳賀輪遺跡出土の沈線文土器をめぐって―鹿島川流域の縄文時代遺跡（3）―…田中英世
土器の胎土分析とその応用―加曾利貝塚を中心とした出土土器の放射化分析―
　………富沢　威・庄司　克　薬袋佳孝・富永　健
房総における土器片錘に関する一考察―貝塚遺跡出土の土器片錘の在り方―………石橋一恵
縄文時代集落考（Ⅶ）…後藤和民
◆研究論集　Ⅳ　東京都埋蔵文化財センター　1986年3月　B5判　176頁
石器製作空間の実験考古学的研究（1）―遺跡空間の機能・構造探求へのアプローチ―
　………………………佐藤宏之
東京湾西岸流域における方形周溝墓の研究Ⅰ…………伊藤敏行
古代末期の丘陵地域開発について―多摩丘陵の様相―…鶴間正昭
◆MUSEUM　第425号　東京国立博物館　1986年8月　B5判　34頁
群馬県における馬形埴輪の変遷―上芝古墳出品を中心として―
　………………………稲村　繁
◆史学　第55巻第2・3号　慶応義塾大学三田史学会　1986年3月　A5判　154頁
縄文土器の類似度―土器の属性分析に基づく遺跡間の関係復元への新たな試み―……羽生淳子
◆史学研究集録　第11号　国学院大学日本史学専攻大学院会　1986年3月　A5判　78頁
古墳出土の鉄製雛型農工具について………………………三木　弘
底部再調整を施す須恵器について―武蔵国の例を中心に―
　………………………英　太郎
中世山城の堀切に関する一考察
　………………………佐脇敬一郎
◆考古学雑誌　第72巻第1号　日本考古学会　1986年9月　B5判　136頁
古墳時代の象嵌―刀装具について
　………………………西山要一

東日本出土の飛鳥・奈良時代の畿内産土師器………林部　均
エジプト，アル＝フスタート遺跡の発掘調査（第6，7次）―その1（南地区）―
　………桜井清彦・川床睦夫
線刻画で覆われた箱式石棺
　………………………笹川龍一
那珂八幡古墳と副葬の三角縁神獣鏡について………井沢洋一
◆愛知学院大学人間文化研究所紀要　人間文化　第2号　愛知学院大学人間文化研究所　1986年9月　B5判　256頁
遼東半島の先史遺跡（調査抄報）―大長山島上馬石貝塚―
　………………………澄田正一
◆古代文化　第38巻第7号　古代学協会　1986年7月　B5判　48頁
北海道礼文島船泊遺跡の貝製品と石器…………………阿部朝衛
◆古代文化　第38巻第8号　1986年8月　B5判　50頁
前漢南越王墓の規格に関する一試論……………………梶山　勝
◆古代文化　第38巻第9号　1986年9月　B5判　50頁
宇部台地における旧石器時代遺跡（5）―南方遺跡その（1）―
　……山口県旧石器文化研究会
◆考古学研究　第32巻第4号　考古学研究会　1986年3月　A5判　140頁
槍先形尖頭器石器群の研究序説―中部日本における地域的様相の把握―……………栗島義明
墳丘に表示された前方後円墳の定式とその評価―成立当初の畿内と吉備の対比から―…北條芳隆
古市古墳群における小古墳の検討
　………………………田中和弘
人・硯・石剣………西口陽一
江田船山古墳象嵌銘鉄刀の製作年代………岡安光彦・臼杵　勲　近江かおる・太田浩司
◆但馬考古学　第3集　但馬考古学研究会　1986年5月　B5判　68頁
大師山古墳群のめのう原石について………宮村良雄・大澤由美
出石・御屋敷遺跡について

　…………………瀬戸谷　晧
但馬の異形石器について
　………………………高松龍暉
豊岡市古墳群………瀬尾・瀬戸谷　長尾・和田
土器・ドキ・怒気………山田宗之
◆遺跡　第29号　遺跡発行会　1986年6月　B5判　132頁
愛媛県における横穴式石室研究史抄………………………正岡睦夫
東予東部の横穴式石室の導入（上）
　………………………名本二六雄
今治平野における導入期の横穴式石室………………………正岡睦夫
北条平野における導入期横穴式石室………………………溝淵修三
道後平野南部における導入期の横穴式石室………………十亀幸雄
道後平野北部地域における横穴式石室………………………常盤　茂
宇和盆地における導入期の横穴式石室………………………十亀幸雄
国津比古命神社古墳測量調査報告
　…十亀幸雄・常盤　茂・溝淵修三
愛媛県古鏡の研究史と現在の課題（中の1）………名本二六雄
愛媛県内出土の亀山焼について
　………………………正岡睦夫
今治市新谷周辺出土の環状石斧
　………………………正岡睦夫
愛媛県北宇和郡真土遺跡出土の石器について………木村剛朗
高知県檮原の縄文前・後期遺物の新資料…………………木村剛朗
高知県布駄場縄文遺跡採集の磨製石鏃………………………木村剛朗
◆九州文化史研究所紀要　第31号　九州大学文化史研究施設　1986年3月　A5判　448頁
唐津市宇木汲田遺跡における1984年度の発掘調査………田崎博之
宇木汲田遺跡1984年度調査出土の土器について―刻目突帯文土器を中心に―
　………横山浩一・藤尾慎一郎
日本稲作受容期の大陸系磨製石器の展開…………………下條信行
北部九州における弥生文化の出現序説―水稲農耕文化伝来をめぐる日韓交渉―………小田富士雄
新安海底発見の木簡について（続）
　………………………西谷　正

学界動向

「季刊 考古学」編集部編

---九州地方

曽畑貝塚から弓状木製品　熊本県教育委員会が発掘を進めている宇土市岩古曽町の曽畑貝塚から縄文時代前期初頭の轟式土器に伴う弓状木製品が発見された。長さ約100cmで，両先端が欠けているため，弓筈の部分は確認できないが，弓である可能性は極めて強い。また同貝塚は泥炭層のため保存状態がよく，曽畑式土器に伴う貯蔵用ピットが14〜15カ所確認されている。そして，ドングリなどの木の実や木の葉，編み籠などの植物性製品，イノシシやシカなどの獣骨が大量に出土した。なお，貝類はほとんど出土していない。

弥生後期の集落跡　熊本県玉名郡菊水町原口の諏訪原遺跡で菊水町教育委員会による発掘調査が行なわれ，弥生時代の住居跡2軒と多くの土器が発見された。弥生土器は壺や甕など後期の破片数百点。付近一帯では昭和48年からの調査で80軒に近い住居跡がみつかっており，集落の中心をなしていたらしい。また，江田船山古墳などが集中している清原台地へは約1.5kmの地点であることから，古墳群と集落との関係も興味深い。

仕切りのある弥生土器　1つの器に2種類の食物を盛るため，器の中央が2つに仕切られた弥生時代中期前半の土器が佐賀県佐賀郡大和町久池井の惣座遺跡から出土していたことが最近になってわかった。土器は高さ9.7cm，口径13.1cmで，赤味がかった肌色のもの。高坏のような形状で，皿部の中央に厚さ1.1cmの仕切りが設けられていた。昭和59年に土壙墓の中から出土したもので，祭祀用のものか，それとも日常の用器だったかはわかっていない。

縄文早期のおとし穴　福岡県久留米市教育委員会が発掘調査を進めている市内安武町の庄屋野遺跡で縄文時代早期のおとし穴32基が発見された。穴は100m以上にわたり2列に整然と並んでおり，最終的には40基以上になるとみられる。おとし穴は上部の長径約1.5m，短径約1mの長円形，底部が1.0×0.8mの長方形で深さは0.8m前後。南西から北東に向かって3〜8m間隔で並び，おとし穴の底部には棒を立てたらしい小さな穴もみつかった。遺構の周辺1km以内には住居跡らしい遺構はみつかっていない。一帯は筑後川の東1kmの平野部で，西日本でのおとし穴遺構の発見は珍しい。

---中国地方

弥生後期のガラス容器？　昨年7月に山口県埋蔵文化財センターが美祢郡秋芳町の中村遺跡から発見したガラス片を鑑定依頼したところ，弥生時代後期のガラス容器片である可能性が強いことがわかった。このガラス片は円形竪穴住居跡（直径約7m）からガラス小玉7点，管玉1点に伴って出土したもので，長さ約9mm，幅約7mm，厚さ約2mmと薄い。深い青色を呈し，表面は微妙に碗曲していた。成分分析に当たった山崎一雄名古屋大学名誉教授によると，コバルトで着色，鉛を10%含んだアルカリ石灰ガラスという。さらに藤田等静岡大学教授の鑑定ではガラス容器の一部である可能性が強いというが，弥生時代のものとするとわが国では例がない。なお同遺跡は内陸部の遺跡としては大規模な集落跡で，弥生時代の円形竪穴住居跡15軒，古墳時代の方形住居跡16軒のほか，100基以上の土壙がみつかっている。

古墳前期の水田跡　鳥取県西伯郡会見町の口朝金遺跡で会見町教育委員会の調査団（団長・精山哲雄同町教育長）による発掘調査が行なわれ，古墳時代前期と推定される水田跡が発見された。水田跡からは不定形で小さな水田数面と幅30cm前後の曲りくねった畔道や水を引くための水口が確認された。また朝鍋川による洪水の跡や多数の古代人の足跡が残っていた。さらに弥生時代後期かと思われる木の杭が並んだ農業用の水路跡も確認された。遺物としては古式土師器や弥生時代中期の甕片，サヌカイト製の石鏃，古墳時代の大足，ほぼ完形の縄文時代の注口土器1点などがある。

---四国地方

貿易陶磁器や古銭　愛媛県埋蔵文化財調査センターが調査を進めている今治市入町西1丁目の中寺遺跡で，鎌倉，室町時代の集落の一部や貿易陶磁器など多数の土器が発見された。同遺跡は蒼社川の氾濫原に形成されたもので，遺物は弥生土器，土師器，須恵器，黒色土器，瓦器，貿易陶磁器，銭貨など多種にわたり，数量的には13〜14世紀の土師器，瓦器がほとんど。貿易陶磁器は黒釉陶器，青磁，白磁，染め付などで，白磁の合子も含まれている。銭貨は後漢から明代の天福通宝，祥符元宝，洪武通宝など67枚。遺構には柱穴465基，井戸跡3基，墓2基などがあり，柱穴からは鎌倉，室町時代にわたって何度も建て替えられた跡が認められる。今回調査された遺跡は，奈良時代の遺構はみつかっていないものの，弥生〜江戸時代にわたるもので，出土品からみて盛期は鎌倉時代の13〜14世紀とみられる。

---近畿地方

住居跡から埴輪　弥生時代から平安，鎌倉時代にかけての集落跡として有名な川西市栄根の栄根遺跡で，古墳時代中期の住居跡から

学界動向

埴輪片が発見された。住居跡は約4.5m四方の方形竪穴式で、5世紀末の須恵器のほか、約10個体分の埴輪片がみつかった。大半は円筒埴輪だが、家形埴輪の鰹木と考えられるものも1片出土している。付近には窯跡などもみあたらないことから、運搬中に壊れたものを、使用しなくなった住居跡に投棄したのではないかと推定され、近くにこの埴輪を使用した古墳があるとみられている。さらにこの住居跡のすぐ南からは一辺8mもある大規模な3世紀末の隅丸方形竪穴式住居跡も発見された。

弥生中期の方形周溝墓　阪急宝塚線豊中駅の西側一帯に広がる新免遺跡（豊中市玉井、末広町など）で豊中市教育委員会による発掘調査が行なわれ、弥生時代中期の方形周溝墓が発見された。同遺跡は島熊山から西へのびる台地上にあり、民家などの建て替えのたびに調査が行なわれ、今回は18次目。方形周溝墓は13m×9mの大きさで、主体部には木棺4基、土壙2基が存在した。木棺墓のうち1基は長さ2.8m、幅1.5mあり、木棺底部の枠組の痕跡が確認された。周溝内部からはベンガラとみられる朱を入れた壺の破片や高坏・鉢などの弥生土器、須恵器、サヌカイト製石鏃、石包丁のほか、縄文時代早期のチャート製石鏃も出土した。

乙女山古墳に造り出し　奈良県立橿原考古学研究所が調査を行なっていた奈良県北葛城郡河合町佐味田の国史跡・乙女山古墳（帆立貝式）後円部西南において造り出しの存在が確認された。今回の調査は同墳が県立馬見丘陵広域公園計画に含まれることから古墳の範囲を確認するためのもので、測量の結果、主軸全長128m、後円部径104m、後円部高16m、前方部幅52m、濠の最大幅116mと判明し

た。造り出しは幅24m、全長10mを測る。3段築成の後円部最下段に敷設された幅1mの葺石に続き、約20本の円筒埴輪列、さらにその外側に家形埴輪の基部2棟分、籠形土器、須恵器片数点も出土した。とくに籠形土器は小破片でしかないが、祭祀用の仮器とみられることから、造り出しは祭壇であるという説がまた補強された。

平安時代末の硯や木簡　橿原市教育委員会が調査を進めている橿原市新堂町の曲川遺跡で、平安時代末の居館跡から、ツルとカメを線刻した石硯や木簡が出土した。硯は風字形か長方形とみられる破片で、現状は9.5cm×8.0cm。翼を広げて飛んでいるツルと岩にのるカメが描かれているが、簡略な感じのもの。また木簡は12世紀末に廃絶したとみられる井戸跡から出土したもので、3つに折れた1片に「急々如律令」と墨書されていた。他の2片のうち1片は未解読、残りの1片ではわずかに「申」という字が判読されたにすぎない。なお居館跡は東西8.4m、南北18.9mの南北棟、10.5mの方形棟、東西8.4m、南北14.7mの南北棟がコの字型に配置されている。

平城京近くから土壙群　大和郡山市教育委員会が発掘調査を進めていた市内下三橋町長塚の道路予定地（長塚遺跡）で土壙6基が発見され、中からミニチュアの土器、馬骨、桃の種などが出土した。現場は平城京の羅城門の南方200mほどのところで、土壙はいずれも直径、深さともに1.5mほど。うち1基からはミニチュア壺、横瓶を含む8世紀初頭の土器群のほか、馬の大腿骨、桃の種、ヒョウタンの実、栗、イグサ製の円座などが出土、他の土壙からも桃の種がみつかった。桃は『古事記』でも悪魔払いの神聖な果実とされて

いるが、出土遺物の特殊性や、短期間に一気に埋め戻していることなどからみて、京に入る前に汚れを祓って潔斎した場所ではないかとみられている。このほか、奈良時代初頭に機能を失い湿地化した河川の跡（幅約30m）も検出された。

平安期の和琴　京都市埋蔵文化財研究所が発掘を続けている京都市伏見区の鳥羽離宮跡の一角にある白河天皇陵（同区竹田浄菩提院町）わきの事務所建設予定地で、平安前期〜中期に作られたとみられる六弦の和琴がみつかった。現場は御陵の外濠（幅6m、深さ1.5〜2m）の中で、琴は全長151cm、幅22.5〜19.5cm。檜材で、六弦であり、長さが正倉院の和琴（208〜156cm）に近いが、一方弦が平行となっているなど、奈良時代に中国から伝来した十三弦の筝にみられる特徴も合わせもつことがわかった。これらのことから和琴をベースに、筝の要素をつけ加えた琴、つまり和琴、筝の近世の形態が確立する前の段階にあたるものとみられる。

恭仁宮跡から内裏の脇殿　京都府相楽郡加茂町例幣にある恭仁宮跡で、京都府教育委員会による発掘調査が行なわれ、内裏の脇殿とみられる柱穴群が確認された。同宮廃都後、大極殿跡を中心に造られた山城国分寺跡として史跡指定された地域北側の民有地が調査の対象とされた結果、大極殿の北200mの内裏域から14基の柱穴が出土した。1m四方の掘方からなり、柱間隔は3m（10尺）で、建物の規模は南北3間以上、東西4間とみられる。東西に廂をもち、東側中央間口に階段を付した南北棟の建物で、脇殿と推定されている。この脇殿の発見で、これまでの主要建物配置の北限がさらに広がったことから、3年余で廃都に

なった恭仁宮の整備がどの程度進んだか興味がもたれる。そのほか、建物群を取り囲む塀らしい1列の柱穴5基や、小さな建物跡2棟の柱穴も発見された。

第3次山城国府の可能性 京都府乙訓郡大山崎町教育委員会が同町大山崎松原の旧西国街道（山陽道）沿いで発掘調査を続けている長岡京域の南端から南約300mの地点で、第3次山城国府に付随していたとみられる井戸跡が発見された。井戸は9世紀後半の素掘りの方形で、上部が一辺約2m、底部が同1.1m、深さ2.5mで縦板組。最底部は砂地で直径47cm、深さ10cmの曲げ物が施されていた。井戸の中からは出土例の少ない腰帯の飾り金具である銅製巡方や基壇に使われたとみられる25cm四方の凝灰岩6個のほか、緑釉陶器、黒色土器、蓮華文軒丸瓦、唐草文軒平瓦などが出土した。第3次山城国府は延暦16年（797）から64年間当地に置かれたが、その位置は宮域の南に当たる長岡京市神足付近とする説と京域外説とがある。これまでに付近の百々遺跡（第3次山城国府跡）から金銅製帯金具の鉈尾や木簡が出土しており今回さらに京域外説が補強されたとみられる。さらに井戸の西側からは掘立て柱跡30カ所が検出されたが、これは雑舎跡とみられる。

蒲生郡衙の一部か？ 近江八幡市教育委員会が発掘調査を続けている市内千僧供町の御館前遺跡で奈良時代の大型柱穴を有する建物1棟と関連の建物2棟が発見され、蒲生郡衙跡の一部ではないかとみられている。出土した建物跡のうちほぼ全容をとらえたものは中央の1棟で、2間×5間（6.0×15.0m）の大きさ。直径35cmの柱痕が約3mおきに並んでいた。建物跡の北側には幅3mの溝が東西に掘られており、この溝底から

単弁蓮華文軒丸瓦（白鳳期）が出土したことや、地割が周辺の地割とちがって真北を示していること、隣接地の小字名が御館前であることなどから、蒲生郡衙の一連の遺構でないかとみられている。『続日本紀』には天平12年（740）聖武天皇条に「到蒲生郡宿」の記述があり、当時の東山道がすぐ近くを通っていたとみられることから蒲生郡衙の可能性はかなり高い。

径45mの前期の円墳 三重県教育委員会は松阪市深長町の深長（ふこさ）古墳を発掘調査していたが、現状では半壊しているものの、もとは直径45m、高さ5m以上の大型円墳だったことがわかった。深長古墳はきつね山とよばれ、標高約20mの扇状地にある。現在は17m×30m、高さ約3.5mの墳丘しか残っていないが、周辺部を削平し、整形して低丘陵上に盛土したとみられる。また墳丘西側の裾からは穿孔された二重口縁壺が約20点良好な状態で列をなして発見された。壺は口径約30cm、器高約34cmで、うち5点は精製土器であり、残存状態から朱彩が施されていたと考えられる。同古墳は4世紀中頃から後半ごろに築造されたと推定され、伊勢湾西岸地方の各地に前期古墳が築造され始めたころの1つとして位置づけられる。

─────── 中部地方

朝日遺跡から小型仿製鏡 名古屋市西区、愛知県西春日井郡清洲町などにまたがる弥生時代の集落跡・朝日遺跡で愛知県埋蔵文化財センターによる発掘調査が行なわれ、小型仿製鏡や杓子形木製品、人形、舟形、鳥形などの木製品が発見された。仿製鏡は四乳細線文鏡とよばれるもので、弥生時代末から古墳時代初期にかけて作られたものとみられる。直径7cmで、

外縁が一部欠けているだけでほぼ原形をとどめている。遺跡を東西に横切る谷Cの縄文後期層からは半球形の杓子形木製品が出土した。長辺が約20cm、短辺が約15cmで小孔を伴う柄もついていた。人形などの木製品が発見されたのはヤナ遺構のあった大溝の外側のもう1つの大溝の中で、人形は長さ12.5cm、舟形は23.5cm、また鳥形は12cmで3点がセットで出土した。

縄文早期の住居跡 福井県立若狭歴史民俗資料館が発掘調査をすすめている遠敷郡名田庄村三重の岩の鼻遺跡で縄文時代早期の竪穴住居跡5基などが発見された。住居跡は径4m前後が4基、残り1基が径7mで、すべて円形プランを呈した。柱穴や炉などの内部施設はもたない。また、2基の住居跡では近接して焼石集石が検出された。所属時期は床面出土遺物より押型文土器でも古式の神宮寺式期である。早期以降の遺構としては前期の竪穴住居跡1基、中期末〜後期の炉跡4基、埋設土器2基、土壙101基などが検出されている。また、神宮寺式期の竪穴住居跡覆土上部より他時期の遺物と混在して有舌尖頭器2点が出土している。

若狭から初の木簡 福井県三方郡三方町教育委員会が発掘調査を行なっている同町田名の田名遺跡で若狭地方では初の木簡2点がみつかった。同遺跡は鰣川西側の水田地帯に広がる縄文時代後期から奈良・平安時代にかけての遺跡で、県のほ場整備事業に伴う調査が続けられている。木簡は8.5cm×2.8cmの大きさで、「人」の字のほか2文字は判読不明。またもう1点（18.0cm×2.5cm）は荷札の断片だった。このほか「厨」と書かれた墨書土器も出土していることから、同遺跡は官衙だった

101

学界動向

可能性が強い。このほか古墳時代中期から後期へかけての勾玉3点、管玉3点、臼玉100点、石製紡錘車2点のほか、100点を超す手捏土器も出土していることから、この遺跡は古墳時代の祭祀遺跡とみられている。

律令期の農村集落 松任市教育委員会が千代野ニュータウンの拡張工事に伴って発掘していた北安田北遺跡で古墳時代後期から平安時代初頭にかけての住居跡や建物跡が100棟以上発見された。住居跡からは鉄製鋤先などの農具や紡錘車、製塩土器などが、また建物近くからは畑のうねの跡もみつかったことから一般の農村集落であることがわかった。竪穴式住居跡は59軒、掘立柱式建物跡は69棟確認され、とくに数が多い奈良時代の竪穴式住居跡は 4.0×3.5m 以下の小さなものがほとんど。また掘立柱建物跡には竪穴式住居の床面の下に柱穴を掘った例があり、竪穴式住居から建て替えた可能性がある。松任市横江町の横江荘（9世紀初頭）の成立基盤となった生産力を知る貴重なデータとみられている。

石川県から天王山式土器 石川県鹿島郡中島町教育委員会が発掘調査を進めている中世のオカ遺跡（中島町中島）で東北地方南部を中心とする弥生時代後期の天王山式土器片が出土した。中島町庁舎の建設に先立ち、昨年10月から調査が行なわれた結果、約500点の土器片が出土した。10世紀から12、13世紀にかけての土師器、須恵器、珠洲焼などがほとんどで、中には高坏の底部や製塩土器の先端部と思われる破片も含まれていた。天王山式土器は小破片だが、下向きの弧を連ねた文様など同土器の特徴が顕著。北陸地方では新潟や富山でも発見されており、石川県では七尾市矢田遺跡など5例

があるだけで、石川県が西限とされている。ほかに田下駄や大足などの木製農具5点も発見された。

甲斐国分寺の寺域ほぼ確定 山梨県東八代郡一宮町教育委員会が59年度から3年計画で発掘調査を行なってきた甲斐国分寺跡で、今回東北隅がみつかったことから寺域の全貌が明らかにされた。南北900尺、東西800尺の大きさで、東北隅は単なる溝でなく、築地できちんと区画され、境界が2回作り直されていること、瓦も白鳳期から奈良時代にかけての古い時期のものがみつかっていることなどから、国分寺の造営前に氏寺があって、それが国分寺に転用された可能性もある。なお国分寺跡から北へ500mに甲斐国分尼寺跡、さらにその北500mに筑前原の塁遺跡があり、この土塁の下には奈良時代の遺構があって国庁跡の可能性が高いことから、今後これらの関係について調査が行なわれる予定。

関東地方

建長寺で法堂跡を確認 建長寺境内遺跡発掘調査団（団長・大三輪龍彦鶴見大学教授）が調査を行なっている鎌倉市北鎌倉の建長寺で旧庫裏跡地から鎌倉時代末期の法堂跡などが確認された。調査対象とされた約700m²を調査した結果、鎌倉時代から江戸時代まで8時期にわたる遺構が発見され、最下層（地表下3m）から斜めに敷きつめた四半敷の鎌倉石（60cm四方、厚さ約20cm）がみつかったが、これは元弘元年（1331）の指図にある千仏閣とみられている。また法堂跡の北には礼の間、得月楼に続く廊跡の礎石3個も出土したことから、当時の法堂は間口28m、奥行19.5mの大きな建物であることがわかった。出土した遺物には瓦や飾金具、ガラス製

品、青磁・白磁片などがあるが、陶磁器類は元・明朝の高級品が多いのが特徴。

古墳前期の居館跡？ 茨城県教育財団が発掘調査を進めている東茨城郡茨城町奥谷小柄前の奥谷遺跡から古墳時代前期の豪族居館を囲んだとみられる溝跡が発見された。遺構は第5号溝とよばれているもので、一辺約50m、溝の上幅が 2～4.3m、下幅は 1.2～2m、深さ 0.6～1.2m の断面が逆台形状で、中央部の南東、北東2ヵ所に上幅6.5mの台形状の張り出しがあった。この溝の中から高坏や器台、三連坏などが出土しており、古墳時代前期の豪族居館を囲んだ溝とみられている。これまでの調査によって竪穴住居跡141軒、掘立柱建物跡10棟、溝10条、堀1条、井戸7基、集石遺構5基がみつかったほか、平安時代の住居跡からは胄金、鞘口金具などの刀装具もすべて揃った大刀（現長 64cm）も出土した。

柵列に囲まれた建物群 古墳時代後期の畠作を中心とした集落が発見され、注目されている群馬県北群馬郡子持村の黒井峯遺跡で柵に囲まれた平地式建物や倉庫跡などが発見された。同遺跡の大きな特色は、厚く堆積した軽石層の中と軽石下に保存された地表面から建物の壁や下部構造が詳細に調査できる遺跡であることで、昨年に続いて発掘されている。柵は直径4cmほどの丸太材を 0.8～1.0m 間隔で立て、間にカヤ材？を立てた風除けの柵で、総延長はおよそ160m、約 1,500m² を囲っている。入口は南側に1m幅で設けられている。柵の内側には平地式の建物跡6棟と高床式倉庫跡1棟、2～4m×1.0m の畠7枚、庭などがある。平地式建物には円形と長方形プランがあり、長方形の建物2棟はカマドを有していて住居とし

て使われたらしい。高床式倉庫跡は2間四方の総柱で，建物北に土師・須恵を中心とした祭祀を伴っている。竪穴住居は6.0m×6.5mの大きさで，この周囲を幅3mの周堤帯が一周している。位置は南柵外に接して作られている。こうした区画は同遺跡に5カ所あり，平地式建物跡からは莫蓙とみられる繊維の一部や小豆のような穀物約500ccと須恵器・土師器が完形だけで13点出土した。

────────東北地方

慧日寺から金堂礎石　大同2年（807）に徳一大師によって創建され，会津仏教文化の発祥地として知られる福島県耶麻郡磐梯町の慧（恵）日寺の発掘調査が磐梯町教育委員会によって行なわれ，金堂の礎石などが確認された。同調査は昭和61年から10年をかけて本格的な調査が行なわれているもので，金堂跡と確認されたのは現在磐梯神社がある場所。建物の基礎となる石積の基壇の一部と1m前後の礎石があり，東西5間，南北3間以上の規模であることがわかった。また金堂の西約600mには東西5間・南北5間の建物跡，東西3間・南北5間の掘立柱建物跡も検出されたが，「絹本著色恵日寺絵図」にはこの位置に花輪寺が描かれており，同寺の可能性もある。この2棟の建物跡からは9世紀後半の土師器も出土している。なお，同町では寺跡一帯を史跡公園として整備し，また今夏には磐梯山慧日寺資料館を開館させる予定である。

縄文前期のサメの歯製装身具　町史編さんのため，福島県双葉郡双葉町教育委員会によって発掘調査が行なわれていた同町郡山字塚ノ腰の郡山貝塚で，縄文時代前期前葉のサメの歯製のペンダントが発見された。郡山貝塚は県内でも最も古い貝塚の1つで，海寄りの高台にあり，貝層は3カ所にわかれて存在する。ほかにハマグリ・アサリ・シジミなどの貝類やクロダイ・スズキの骨，鹿角製の釣針の未成品，銛かヤスとみられる骨製品などがみつかった。ペンダントは中央に直径3mmの孔があるもので，大きさは2.3×2.0cm。歯の大きさからサメは体長2〜3mほどの比較的大型のものとみられている。穿孔のあるサメの歯のペンダントとしては東北地方では最古のものである。

弥生時代の小区画の水田跡　仙台市教育委員会が仙台市長町南三丁目の富沢遺跡で進めていた第28次調査で，弥生時代の小区画の水田跡が見つかった。同遺跡の水田跡は弥生時代まで層位的に検出されている。現在弥生時代の水田跡は2時期検出されているが，隣接地の調査により，さらに下層に弥生時代中期のものも含め，2時期の水田跡の存在が推測される。小区画の水田跡は検出されたもののうち古い段階のもので，地表下約1mで見つかった。2本の畦の両側に大小150区画ほどの水田跡が広がっていた。1区画の形状は方形・三角形を基調とし，その大半は一辺2〜3mであったが，南西の一角の窪地状部分には，一辺70cm前後の小区画の水田跡が50区画ほど集中し，他と際立った違いをみせている。なお，この調査は引き続き昭和62年度も行なわれる予定である。

────────北海道地方

縄文中期のシカの絵　渡島支庁南茅部町臼尻327─1，2の臼尻B遺跡から昨年5月に出土した深鉢土器にシカの絵が描かれていることがわかった。同遺跡の294号住居跡から発見されたこの土器は推定高47cmで，全体の5分の1にあたる16の破片から成っており，絵は右下部に縄文文様と一緒に沈線で刻まれていた。シカは体長5.7cm，高さ4.3mで，横向きに静止した姿で，顔を正面に向けている。

────────学会・研究会ほか

日本考古学協会第53回総会　日本考古学協会（桜井清彦委員長）は第53回総会を5月3日（日），4日（月）の両日，千葉市の千葉大学文学部を会場として開催する。
5月3日
　総会
　記念講演会
　柴崎達雄「考古学・人類学・地理学の連繋─海外の著名遺跡調査を例にして─」
　原秀三郎「王権と古墳文化─考古学と古代史学の接点を求めて─」
5月4日
　研究発表
5月5日
　自由見学
　なお，昭和62年度秋季大会は10月24日（土）〜26日（月）にわたって岡山市の岡山大学で開催の予定。

────────

九州で大歴史書フェア　福岡市中央区天神の「リーブル天神」（福岡ショッパーズビル内）で5月15日（金）から6月14日（日）まで，歴史書発掘フェアと称して九州では画期的な歴史書5,000点を集めた展示即売会が行なわれる。「九州の歴史が知りたい─邪馬台国から現代まで─」と題するもので，期間中には講演会も開かれる予定。

■第20号予告■

特集　埴輪をめぐる古墳社会

1987年7月25日発売
総108頁　1,500円

埴輪の意義………………………水野正好
埴輪を考える
　埴輪の流通………………………大船孝弘
　埴輪と前方後円墳………………水野正好
　埴輪による古墳の編年…………川村紀子
　埴輪の再利用……………………笠井敏光
　埴輪にみる黥面…………………伊藤　純
　埴輪と小古墳……………………桜井久之
　古墳をめぐる木製樹物…………高野　学
埴輪点描
　津堂城山古墳の埴輪……………天野末喜
　長瀬高浜遺跡の埴輪
　…………………土井珠美・根鈴智津子
　天王壇方墳の埴輪………………山崎義夫

地域の話題
　山陰地方の埴輪…………………真田広幸
　西九州地方の埴輪………………藤瀬禎博
　北関東地方の埴輪………………橋本博文
　南関東地方の埴輪………………交　渉　中
＜特報＞
　大津市発見の特殊器台形埴輪……丸山竜平

＜連載講座＞　日本旧石器時代史　5
　…………………………………岡村道雄
＜調査報告＞
＜書　評＞　　　　＜論文展望＞
＜文献解題＞　　　＜学界動向＞

編集室より

◆弥生文化といえば、とにかく稲作文化のはじまりとして、後世になればなるほど、今日につづく日本文化の母胎として認められてきました。水田があちこちで確認され、発掘の数も多くなっていくなかで、土器もまた伴出され、そのたびにますます編年なども明確な形となって浮き彫りされてきたように思えます。それに周辺諸国、つまり韓国や中国の考古学的成果も、比較研究の上で大きな影響を与えているといってもよいでしょう。こうしたなかで弥生土器の性質が、また広く、そして深く捉えられて

きているのを、本書によって知ることができると思われます。　　　　　　（芳賀）
◆弥生土器がいつからはじまり、どの段階に至って終わるのか、弥生土器の上限下限の問題は資料がふえればふえるほど却って単純明快には論じられなくなる。一方には北海道周辺の続縄文文化との関連や、南島への弥生土器浸透の問題も存在する。本号にはこれら多くの内容が豊富に盛り込まれたが、弥生土器というものの中にこめられた弥生文化解明の鍵は実にいろいろな角度から引き出されるといえよう。まさに土器は多くのことがらを語ってくれるのである。　　　（宮島）

本号の編集協力者――工楽善通（奈良国立文化財研究所技官）
1939年兵庫県生まれ、明治大学大学院修士課程修了。「弥生土器の様式と編年」（日本考古学を学ぶ1）『弥生土器』（日本の原始美術3）「赤彩紋」（弥生文化の研究3）などの編著・論文がある。

■ 本号の表紙 ■
田舎館式土器と垂柳水田

　弥生研究のうえで、田舎館村垂柳遺跡出土の土器が注意されたのは、今からもう半世紀以上も前のことである。伊東信雄先生とこれらの土器とのつき合いは1920年代の後半に始まるそうである。東北大学による1958年の同遺跡の発掘調査で、炭化米が200粒以上出土し、この時東北北部での稲作の存在を暗示した。1981〜83年に青森県教育委員会がおこなった発掘で、計3,967m²にわたる、田舎館式土器を伴う水田遺構が発見されたことにより、稲作農耕の存在が確実なものとなった。そしてまた、東北各地で遠賀川系土器が相次いで確認されたことは、先Ⅰ期の実在と合わせて、弥生像を大きく書き替えようとしている。　　　　　（工楽善通）
　（伊東信雄氏と田舎館式土器の写真は須藤隆氏撮影、垂柳水田は青森県埋蔵文化財調査センター提供）

▶本誌直接購読のご案内◀

　『季刊考古学』は一般書店の店頭で販売しております。なるべくお近くの書店で予約購読なさることをおすすめしますが、とくに手に入りにくいときには当社へ直接お申し込み下さい。その場合、1年分6,000円（4冊、送料は当社負担）を郵便振替（東京3-1685）または現金書留にて、住所、氏名および『季刊考古学』第何号より第何号までと明記の上当社営業部までご送金下さい。

季刊 考古学　第19号　　　1987年5月1日発行
ARCHAEOLOGY　QUARTERLY　　定価1,500円

編集人　芳賀章内
発行人　長坂一雄
印刷所　新日本印刷株式会社
発行所　雄山閣出版株式会社
　　　　〒102　東京都千代田区富士見 2-6-9
　　　　電話 03-262-3231　振替　東京 3-1685
◆本誌記事の無断転載は固くおことわりします。
ISBN 4-639-00644-6　printed in Japan

季刊 考古学 **オンデマンド版** **第 19 号** 1987 年 5 月 1 日 初版発行
ARCHAEOROGY QUARTERLY 2018 年 6 月 10 日 オンデマンド版発行

定価（本体 2,400 円 + 税）

編集人	芳賀章内
発行人	宮田哲男
印刷所	石川特殊特急製本株式会社
発行所	株式会社 雄山閣 http://www.yuzankaku.co.jp

〒 102-0071 東京都千代田区富士見 2-6-9
電話 03-3262-3231 FAX 03-3262-6938 振替 00130-5-1685

◆本誌記事の無断転載は固くおことわりします ISBN 978-4-639-13019-2 Printed in Japan

初期バックナンバー、待望の復刻!!
季刊 考古学 OD　創刊号〜第 50 号〈第一期〉
全 50 冊セット定価（本体 120,000 円＋税）　セット ISBN：978-4-639-10532-9
各巻分売可　各巻定価（本体 2,400 円＋税）

号　数	刊行年	特　集　名	編　者	ISBN（978-4-639-）
創刊号	1982 年 10 月	縄文人は何を食べたか	渡辺 誠	13001-7
第 2 号	1983 年 1 月	神々と仏を考古学する	坂詰 秀一	13002-4
第 3 号	1983 年 4 月	古墳の謎を解剖する	大塚 初重	13003-1
第 4 号	1983 年 7 月	日本旧石器人の生活と技術	加藤 晋平	13004-8
第 5 号	1983 年 10 月	装身の考古学	町田 章・春成 秀爾	13005-5
第 6 号	1984 年 1 月	邪馬台国を考古学する	西谷 正	13006-2
第 7 号	1984 年 4 月	縄文人のムラとくらし	林 謙作	13007-9
第 8 号	1984 年 7 月	古代日本の鉄を科学する	佐々木 稔	13008-6
第 9 号	1984 年 10 月	墳墓の形態とその思想	坂詰 秀一	13009-3
第 10 号	1985 年 1 月	古墳の編年を総括する	石野 博信	13010-9
第 11 号	1985 年 4 月	動物の骨が語る世界	金子 浩昌	13011-6
第 12 号	1985 年 7 月	縄文時代のものと文化の交流	戸沢 充則	13012-3
第 13 号	1985 年 10 月	江戸時代を掘る	加藤 晋平・古泉 弘	13013-0
第 14 号	1986 年 1 月	弥生人は何を食べたか	甲元 真之	13014-7
第 15 号	1986 年 4 月	日本海をめぐる環境と考古学	安田 喜憲	13015-4
第 16 号	1986 年 7 月	古墳時代の社会と変革	岩崎 卓也	13016-1
第 17 号	1986 年 10 月	縄文土器の編年	小林 達雄	13017-8
第 18 号	1987 年 1 月	考古学と出土文字	坂詰 秀一	13018-5
第 19 号	1987 年 4 月	弥生土器は語る	工楽 善通	13019-2
第 20 号	1987 年 7 月	埴輪をめぐる古墳社会	水野 正好	13020-8
第 21 号	1987 年 10 月	縄文文化の地域性	林 謙作	13021-5
第 22 号	1988 年 1 月	古代の都城—飛鳥から平安京まで	町田 章	13022-2
第 23 号	1988 年 4 月	縄文と弥生を比較する	乙益 重隆	13023-9
第 24 号	1988 年 7 月	土器からよむ古墳社会	中村 浩・望月 幹夫	13024-6
第 25 号	1988 年 10 月	縄文・弥生の漁撈文化	渡辺 誠	13025-3
第 26 号	1989 年 1 月	戦国考古学のイメージ	坂詰 秀一	13026-0
第 27 号	1989 年 4 月	青銅器と弥生社会	西谷 正	13027-7
第 28 号	1989 年 7 月	古墳には何が副葬されたか	泉森 皎	13028-4
第 29 号	1989 年 10 月	旧石器時代の東アジアと日本	加藤 晋平	13029-1
第 30 号	1990 年 1 月	縄文土偶の世界	小林 達雄	13030-7
第 31 号	1990 年 4 月	環濠集落とクニのおこり	原口 正三	13031-4
第 32 号	1990 年 7 月	古代の住居—縄文から古墳へ	宮本 長二郎・工楽 善通	13032-1
第 33 号	1990 年 10 月	古墳時代の日本と中国・朝鮮	岩崎 卓也・中山 清隆	13033-8
第 34 号	1991 年 1 月	古代仏教の考古学	坂詰 秀一・森 郁夫	13034-5
第 35 号	1991 年 4 月	石器と人類の歴史	戸沢 充則	13035-2
第 36 号	1991 年 7 月	古代の豪族居館	小笠原 好彦・阿部 義平	13036-9
第 37 号	1991 年 10 月	稲作農耕と弥生文化	工楽 善通	13037-6
第 38 号	1992 年 1 月	アジアのなかの縄文文化	西谷 正・木村 幾多郎	13038-3
第 39 号	1992 年 4 月	中世を考古学する	坂詰 秀一	13039-0
第 40 号	1992 年 7 月	古墳の形の謎を解く	石野 博信	13040-6
第 41 号	1992 年 10 月	貝塚が語る縄文文化	岡村 道雄	13041-3
第 42 号	1993 年 1 月	須恵器の編年とその時代	中村 浩	13042-0
第 43 号	1993 年 4 月	鏡の語る古代史	高倉 洋彰・車崎 正彦	13043-7
第 44 号	1993 年 7 月	縄文時代の家と集落	小林 達雄	13044-4
第 45 号	1993 年 10 月	横穴式石室の世界	河上 邦彦	13045-1
第 46 号	1994 年 1 月	古代の道と考古学	木下 良・坂詰 秀一	13046-8
第 47 号	1994 年 4 月	先史時代の木工文化	工楽 善通・黒崎 直	13047-5
第 48 号	1994 年 7 月	縄文社会と土器	小林 達雄	13048-2
第 49 号	1994 年 10 月	平安京跡発掘	江谷 寛・坂詰 秀一	13049-9
第 50 号	1995 年 1 月	縄文時代の新展開	渡辺 誠	13050-5

※「季刊 考古学 OD」は初版を底本とし、広告頁のみを除いてその他は原本そのままに復刻しております。初版との内容の差違は
　ございません。
「季刊 考古学　OD」は全国の一般書店にて販売しております。なるべくお近くの書店でご注文なさることをおすすめしますが、とくに手に入り
にくいときには当社へ直接お申込みください。